2006
中国旅游财务信息年鉴

THE YEARBOOK OF CHINA TOURISM FINANCIAL

中华人民共和国国家旅游局

NATIONAL TOURISM ADMINISTRATION
OF THE PEOPLE'S REPUBLIC OF CHINA

中国旅游财务信息年鉴编辑委员会

前　言

《2006年中国旅游财务信息年鉴》是一本反映2006年度中国旅游业财务信息状况的资料性年刊。汇总范围是纳入统计范围的旅行社、饭店、旅游景区和旅游集团等旅游企业。本年鉴主要对旅游企业2006年度财务效益、资产营运、偿债能力和发展能力等主要财务指标进行评价。年鉴的出版主要是对旅游企业财务分析提供翔实的数据，同时对完善旅游产业的表征体系，全面提升旅游产业素质，推进旅游业管理深化，引导旅游企业健康发展也将起到积极的作用。

2006年是"十一五"的开篇之年，是承前启后的一年。"十五"期间全国旅游业取得的巨大成就在这一年得到延续。2006年也是旅游业全面提升的一年，旅游业正在培育成为国民经济的重要产业；旅游已成为全面建设小康社会、构建和谐社会的重要方面；旅游产业的健康发展必将有利于推动我国现代化建设和城乡统筹协调发展，有利于促进经济结构调整和服务业全面升级，有利于提升国家"软实力"和整体形象。

2007年是中国旅游业发展的重要机遇期，此时出版《2006中国旅游财务信息年鉴》,对促进旅游财务信息化,提高旅游企业经营与管理水平,深化旅游业结构性调整和转型升级将发挥一定的作用。

由于统计体系还不健全,现有企业数据还不能完全反映旅游业的情况,加之其他原因,《2006 中国旅游财务信息年鉴》的编辑还存在需要不断完善和改进之处,欢迎广大读者批评指正。

《中国旅游财务信息年鉴》编辑委员会

二〇〇七年六月

目　　录

2006 年度中国旅游业财务信息 …………………………………………………… 1

附表

2006 年度全国旅游行业经济效益评价主要财务
指标表（全部旅游企业） ……………………………………………… 24

2006 年度全国旅游行业经济效益评价主要财务
指标表（旅游社） …………………………………………………… 28

2006 年度全国旅游行业经济效益评价主要财务
指标表（国际旅游社） ………………………………………………… 32

2006 年度全国旅游行业经济效益评价主要财务
指标表（国内旅游社） ………………………………………………… 36

2006 年度全国旅游行业经济效益评价主要财务
指标表（饭店） ……………………………………………………… 40

2006 年度全国旅游行业经济效益评价主要财务
指标表（五星级饭店） ………………………………………………… 44

2006 年度全国旅游行业经济效益评价主要财务
指标表（四星级饭店） ………………………………………………… 48

2006 年度全国旅游行业经济效益评价主要财务
指标表（三星级饭店） ………………………………………………… 52

2006 年度全国旅游行业经济效益评价主要财务
指标表（二星级饭店） ………………………………………………… 56

2006 年度全国旅游行业经济效益评价主要财务
指标表（一星级饭店） …………………………………………… 60
2006 年度全国旅游行业经济效益评价主要财务
指标表（未评星级饭店） ………………………………………… 64
2006 年度全国旅游行业经济效益评价主要财务
指标表（旅游集团） ……………………………………………… 68
2006 年度全国旅游行业经济效益评价主要财务
指标表（旅游景区） ……………………………………………… 72
2006 年度全国旅游行业经济效益评价主要财务
指标表（自然类旅游景区） ……………………………………… 76
2006 年度全国旅游行业经济效益评价主要财务
指标表（文物类旅游景区） ……………………………………… 80
2006 年度全国旅游行业经济效益评价主要财务
指标表（主题类旅游景区） ……………………………………… 84
2006 年度全国旅游行业经济效益评价主要财务
指标表（其他旅游企业） ………………………………………… 88
2006 年度全国旅游行业经济效益评价主要财务
指标表（全部旅游企业补充指标） ……………………………… 92
2006 年度全国旅游行业经济效益评价主要财务
指标表（全部旅行社补充指标） ………………………………… 96
2006 年度全国旅游行业经济效益评价主要财务
指标表（国际旅行社补充指标） ………………………………… 100
2006 年度全国旅游行业经济效益评价主要财务
指标表（国内旅行社补充指标） ………………………………… 104
2006 年度全国旅游行业经济效益评价主要财务
指标表（全部饭店补充指标） …………………………………… 108
2006 年度全国旅游行业经济效益评价主要财务
指标表（五星级饭店补充指标） ………………………………… 112
2006 年度全国旅游行业经济效益评价主要财务
指标表（四星级饭店补充指标） ………………………………… 116

2006 年度全国旅游行业经济效益评价主要财务
指标表（三星级饭店补充指标） …………………………………… 120
2006 年度全国旅游行业经济效益评价主要财务
指标表（二星级饭店补充指标） …………………………………… 124
2006 年度全国旅游行业经济效益评价主要财务
指标表（一星级饭店补充指标） …………………………………… 128
2006 年度全国旅游行业经济效益评价主要财务
指标表（未评星级饭店补充指标） ………………………………… 132
2006 年度全国旅游行业经济效益评价主要财务
指标表（全部旅游景区补充指标） ………………………………… 136
2006 年度全国旅游行业经济效益评价主要财务
指标表（自然类旅游景区补充指标） ……………………………… 140
2006 年度全国旅游行业经济效益评价主要财务
指标表（文物类旅游景区补充指标） ……………………………… 144
2006 年度全国旅游行业经济效益评价主要财务
指标表（主题类旅游景区补充指标） ……………………………… 148

2006 年度中国旅游业财务信息

反映2006年度全国旅游企业财务状况、经营成果的旅游行业经济效益评价结果公布如下：

一、基本概况

纳入2006年度全国旅游行业财务信息范围（以下简称“信息范围”）的旅游企业共有20417户，其中旅行社11304户，占纳入信息范围的55.4%；饭店7409户，占纳入信息范围的36.3%；旅游集团47户，占纳入信息范围的0.2%；旅游景区1454户，占纳入信息范围的7.1%；其他旅游企业203户，占纳入信息范围的1.0%。见图1（注：以下所称企业均为纳入信息范围的企业）。

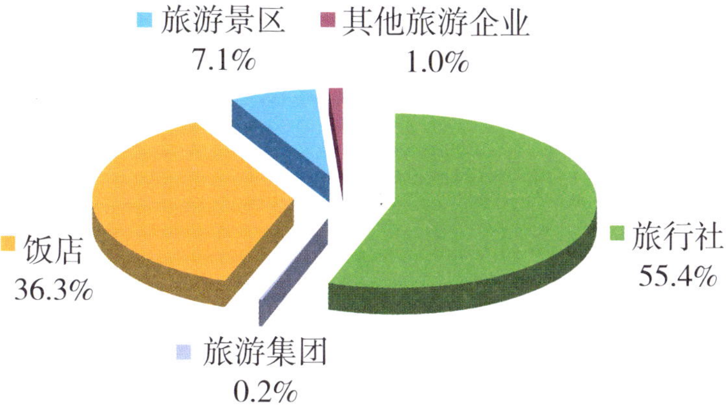

图 1

——按经济类型划分，国有及国有控股企业 6600 户，占纳入信息范围的 32.3%；集体企业 2375 户，占纳入信息范围的 11.6%；联营企业 635 户，占纳入信息范围的 3.1%；私营企业 10064 户，占纳入信息范围的 49.4%；外商及港澳台投资企业 743 户，占纳入信息范围的 3.6%，见图 2。

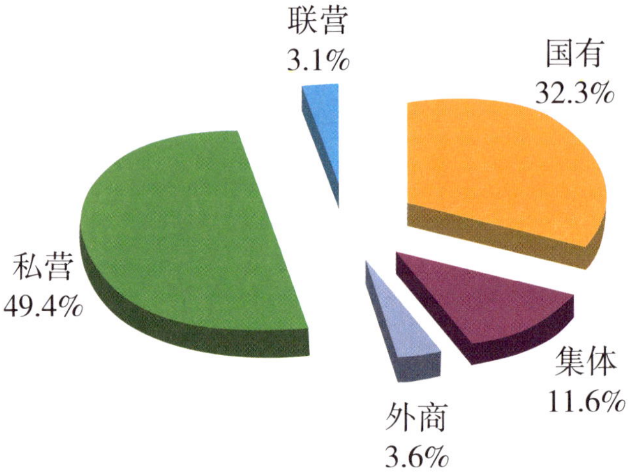

图 2

——按组织形式划分，有限责任公司 12578 户，占纳入信息范围的 61.6%；独资公司 3122 户，占纳入信息范围的 15.3%；非公有制独资公司 366 户，占纳入信息范围的 1.8%；股份有限公司 363 户（其中上市股份有限公司 54 户），占纳入信息范围的 1.8%；股份合作制企业 743 户，占纳入信息范围的 3.6%；合资或合营企业 662 户，占纳入信息范围的 3.2%；合伙企业 471 户，占纳入信息范围的 2.3%；事业单位 2112 户（多为饭店和旅游景区），占纳入信息范围的 10.3%，见图 3。

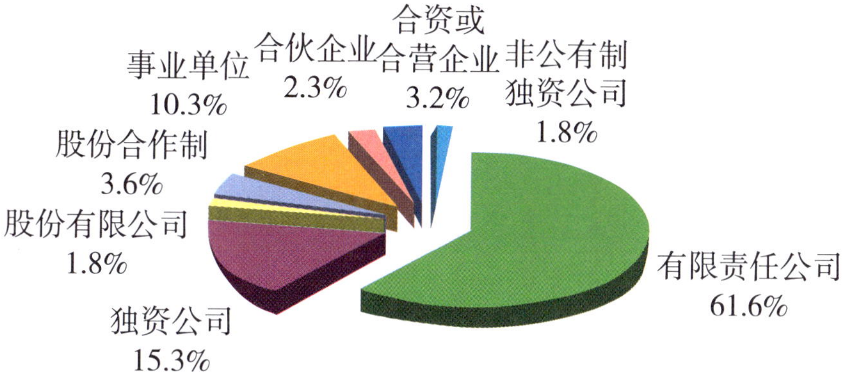

图 3

——按企业划分，旅行社中国际旅行社 1218 户（占 6%），国内旅行社 10086 户（占 49.4%）；饭店中五星级饭店 244 户（占 1.2%），四星级饭店 900 户（占 4.4%），三星级饭店 2731 户（占 13.4%），二星级饭店 2708 户（占 13.3%），一星级饭店 246 户（1.2%），未评星级饭店 580 户（占 2.8%）；旅游景区中自然类景区 918 户（占 4.5%），文物类景区 281 户（占 1.4%），主题类景区 255 户（占 1.2%）。在以上 1454 户旅游景区中，已评 4A 级景区 348 户，已评 3A 级景区 230 户，已评 2A 级景区 315 户，已评 1A 级景区 38 户，未评 A 级景区 523 户；旅游集团 47 户（占 0.2%）；其他旅游企业 203 户（占 1%）。

——按各省纳入信息范围企业户数（超过 700 户）排序依次为浙江（1770）、山东（1352）、江苏（1176）、湖北（1109）、河南（1038）、广东（904）、四川（898）、福建（862）、云南（858）、安徽（836）、北京（816）、上海（747）、内蒙古（700）。见图 4。

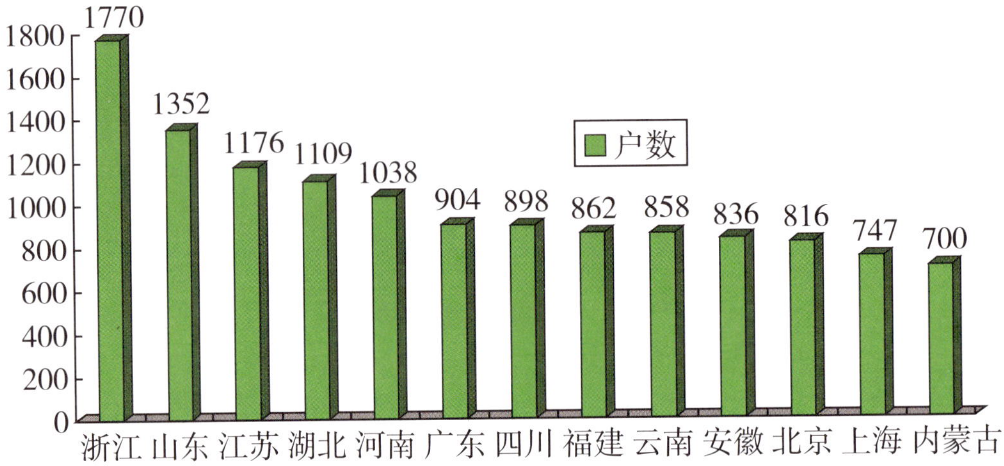

图 4

二、主要经济效益情况

(一)财务效益状况主要指标

1. 净资产收益率

净资产收益率是指企业一定时期内的净利润同平均净资产的比率。净资产收益率充分体现了投资者投入企业的自有资本获取净收益的能力,突出反映了投资与报酬的关系,是评价企业资本经营效益的核心指标。

2006 年度纳入信息范围的企业平均净资产收益率为 1.09%,其中:

——旅行社平均净资产收益率为 1.98%,国际旅行社平均净资产收益率为 2.95%,国内旅行社为 0.04%,北京、黑龙江、上海、江苏、浙江、安徽、湖南、云南等省区市旅行社平均净资产收益率较高,全国共有16个省区市旅行社平均净资产收益率大于0。

——饭店平均净资产收益率为-0.35%，除五星级饭店平均净资产收益率为10.3%外，其余星级饭店平均净资产收益率均为负数。北京、上海、天津、安徽等4省区市饭店平均净资产收益率大于0。

——旅游集团平均净资产收益率为5.76%，净资产收益率高于全国平均值的省份有辽宁、安徽、山东、福建、广东、云南、青海和北京等。

——旅游景区平均净资产收益率为1.28%，主题类旅游景区平均净资产收益率高于全国旅游景区平均值为3.45%，江西、青海2省市旅游景区平均净资产收益率高于10%，全国共有23个省区市旅游景区平均净资产收益率大于0。

——其他旅游企业平均净资产收益率为8.17%，上海、辽宁、广东、广西、重庆、海南、青海和西藏等省区市其他旅游企业平均净资产收益率大于10%，全国共有15个省区市其他旅游企业平均净资产收益率大于0。

2. 总资产报酬率

总资产报酬率是指企业一定时期内获得的报酬总额与平均资产总额的比率。总资产报酬率表示企业包括净资产和负债在内的全部资产的总体获利能力，是评价企业资产运营效益的重要指标。

2006年度全国旅游企业平均总资产报酬率为2.22%，平均总资产报酬率高于平均值的有：北京、上海、安徽等，全国有17个省区市旅行社平均总资产报酬率大于0。其中：

——旅行社平均总资产报酬率为1.93%，国际旅行社平均总资产报酬率2.32%，国内旅行社的平均总资产报酬率0.89%，旅行社平均总资产报酬率高于平均值的有：北京、上海、黑龙江、江苏、浙江、安徽、湖南、云南和陕西等，全国有21个省区市旅行社平均总资产报酬率大于0。

——饭店平均总资产报酬率为1.58%，其中除五星级饭店和四星级饭店平均总资产报酬率大于0外，其余星级饭店平均总资产报酬率为负数，北京、天津、上海、浙江、福建、内蒙古、广东等11省区市饭店平均总资产报酬率大于0。

——旅游集团平均总资产报酬率为5.29%，平均总资产报酬率高于全国平均值的省份有北京、辽宁、安徽、福建、山东、湖北、广东、云南和青海等。

——旅游景区平均总资产报酬率为2.4%，浙江、江西、广西、青海和宁夏的旅游景区平均总资产报酬率高于其他省区市。主题类旅游景区平均总资产报酬率高于文物类旅游景区和自然类旅游景区。

——其他旅游企业平均总资产报酬率为4.47%，辽宁、上海、广西、重庆和青海等12个省区市其他旅游企业平均总资产报酬率大于0。

3. 主营业务收入利润率

主营业务收入利润率是指企业一定时期主营业务利润同主营业务收入净额的比率。它表明企业每单位销售（营业）收入能带来多少销售（营业）利润，反映了企业主营业务的获利能力，是评价企业经营效益的主要指标。

2006年度全国旅游企业平均主营业务收入利润率为32.47%，其中：

——旅行社平均主营业务收入利润率为5.42%，国际旅行社平均主营业务收入利润率为5.48%，国内旅行社平均主营业务收入利润率均为5.28%，全国有12个省市旅行社平均主营业务收入利润率高于全国旅行社主营业务收入利润率平均值。

——饭店平均主营业务收入利润率为54.24%，高星级饭店平均主营业务收入利润率明显高于低星级饭店，北京、天津、辽宁、上海、广东、海南、贵州等6个省市饭店平均主营业务收入利润率高于全国饭店主营业务收入利润率平均值。

——旅游集团平均主营业务收入利润率为34.74%，天津、上海、浙江、山东、江西、湖北、辽宁、广东、广西和云南等10个省区市旅游集团平均主营业务收入利润率高于全国旅游集团主营业务收入利润率平均值。

——旅游景区平均主营业务收入利润率为42.41%，主题类旅游景区和自然类旅游景区平均主营业务收入利润率高于文物类旅游景区，北京、天津、山西、黑龙江、浙江、福建、江西、湖南、广东、广西、海南、云南、陕西和宁夏等15个省区市旅游景区平均主营业务收入利润率高于全国旅游景区主营业务收入利润率平均值。

——其他旅游企业平均主营业务收入利润率为18.8%，全国有21个省区市其他旅游企业平均主营业务收入利润率高于全国平均值。

4. 成本费用利润率

成本费用利润率是企业一定时期的利润总额同企业成本费用总额的比率。成本费用利润率表示企业为取得利润而付出的代价，从企业支出方面补充评价企业的收益能力。

2006 年度全国旅游企业平均成本费用利润率为 2.12%，其中：

——旅行社平均成本费用利润率为 0.49%，国际旅行社平均成本费用利润率高于国内旅行社，北京、江苏、湖南、上海、陕西和甘肃等 18 个省市旅行社平均成本费用利润率大于 0。

——饭店平均成本费用利润率为 1.02%，除五星级饭店和四星级饭店平均成本费用利润率大于 0 外，其余等级饭店平均成本费用利润率均为负数，北京、天津、上海、浙江、安徽和广东等 6 省市饭店平均成本费用利润率大于 0。

——旅游集团平均成本费用利润率为 9.58%，上海、安徽、湖北、广东、浙江和云南等省市旅游集团平均成本费用利润率高于全国平均值。

——旅游景区平均成本费用利润率为 5.83%，主题类旅游景区平均成本费用利润率高于文物类旅游景区和自然类旅游景区，全国有 21 个省市旅游景区平均成本费用利润率大于 0。

——其他旅游企业平均成本费用利润率为 6.27%，辽宁、山东、广西、海南、青海、重庆和上海 7 省区市其他旅游企业平均成本费用利润率高于全国平均值。

以上各财务效益状况指标综合反映出 2006 年度各类旅游企业经

营情况优于上年度，大部分旅游企业的各财务效益指标均实现了较大程度的增长，旅游集团、旅游景区和旅行社企业整体实现经营赢利，其中旅游景区和旅游集团的赢利能力强于旅行社、饭店和其他旅游企业，高星级饭店和主题类旅游景区赢利能力和资产增长率大大高于其他类型旅游企业。按不同类型企业分析：

旅行社中国际旅行社各类财务效益状况指标高于国内旅行社，说明国际旅行社赢利能力强，一方面得益于国际旅行社较高的主营业务利润，另一方面得益于成本费用的控制。上海、江苏、云南、北京、湖南、广西、广东、云南等省区市旅行社财务效益状况较好。

饭店主营业务收入利润率达到54.24%，其中五星级饭店主营业务收入利润率更是高达67.76%，远高于其他各类企业，但从其他财务效益状况指标反映饭店的赢利能力要低于其他各类企业，主要原因是饭店主要收入来源于客房收入，而根据现行企业会计制度，饭店没有归集和分配相应的客房成本，这就使得饭店主营业务收入利润率较高，而其他财务效益状况指标较低主要是由于部分饭店是贷款建成，每年要支付大量利息，加上摊销的大额折旧和较大的成本费用，造成饭店出现了亏损。按饭店星级情况分析，高星级饭店财务效益状况优于低星级饭店，尤其是五星级饭店效益良好，各项财务效益状况指标优于其他类型企业，另外未评星级饭店中含有部分准高星级的饭店，效益状况也要优于三星级及以下饭店。北京、上海、广东等省市饭店财务效益状况较好，主要是这几个省市高星级饭店较多，赢利能力较强。

旅游集团继续保持良好的发展势头，财务效益状况良好，主要得益于发挥了集团资产整体优势，实现优势互补，受外界影响较小。北京、上海、安徽、湖北等省市旅游集团财务效益状况较好，主要得益于北京首都旅游集团有限责任公司、上海锦江集团、东湖集团、武汉旅游国有控股集团、黄山旅游发展股份有限公司、九华山旅游集团等企业的良好赢利能力。

旅游景区在各类旅游企业中效益较好，各类旅游景区都实现了赢利，近年来，各类旅游景区财务效益明显好转，实现了利润的大幅增长，赢利能力超过了其他类旅游企业。山西、上海、江苏、福建、江西、河南、广东、广西、海南、云南、青海、新疆、宁夏等省区市旅游景区财务效益状况较好，各项指标均高于全国平均值，这些省市旅游资源丰富、旅游景区较多，景区开发管理都较为合理，赢利能力较强。

综合以上情况分析，效益好的旅行社、饭店和旅游集团多集中在东部沿海及一些发达地区，效益好的旅游景区多集中在旅游资源丰富的旅游大省。

（二）资产营运状况主要指标

1. 总资产周转率

总资产周转率是指企业一定时期主营业务收入净额同平均资产总额的比值。总资产周转率是综合评价企业全部资产经营质量和利用效率的重要指标。

2006 年度全国旅游企业平均总资产周转率为 0. 55 次，其中：

——旅行社平均总资产周转率为 3.12 次，国内旅行社平均总资产周转率为 3.70 次，高于国际旅行社 2.91 次。

——饭店平均总资产周转率为 0.36 次，各类星级饭店平均总资产周转率大体相当，二星级饭店略高于平均值。

——旅游集团平均总资产周转率为 0.52 次。

——旅游景区平均总资产周转率为 0.21 次，主题类旅游景区平均总资产周转率高于自然类和文物类旅游景区。

——其他旅游企业平均总资产周转率为 0.63 次。

2. 流动资产周转率

流动资产周转率是指企业一定时期主营业务收入净额同平均流动资产总额的比值。流动资产周转率是评价企业资产利用效率的另一主要指标。

2006 年度全国旅游企业平均流动资产周转率为 2.06 次，其中：

——旅行社平均流动资产周转率为 4.94 次，国内旅行社平均流动资产周转率为 5.19 次，高于国际旅行社 4.82 次。

——饭店平均流动资产周转率为 1.62 次，五星级饭店平均流动资产周转率略高于其他类型饭店。

——旅游集团平均流动资产周转率为 1.55 次。

——旅游景区平均流动资产周转率为 0.93 次，主题类旅游景区平均流动资产周转率高于自然类和文物类旅游景区。

——其他旅游企业平均流动资产周转率为 1.96 次。

3. 存货周转率

存货周转率是企业一定时期销售成本与平均存货的比率。存货周转率是对流动资产周转率的补充说明。

2006 年度全国旅游企业平均存货周转率为 13.92 次，其中：

——旅行社存货较少，不评价此项指标。

——饭店平均存货周转率为 5.76 次。

——旅游集团平均存货周转率为 10.28 次。

——旅游景区平均存货周转率为 3.8 次，文物类旅游景区平均存货周转率高于自然类和主题类旅游景区。

——其他旅游企业平均存货周转率为 6.82 次。

4. 应收账款周转率

应收账款周转率是企业一定时期内销售（营业）收入净额同平均应收账款余额的比率。应收账款周转率是对流动资产周转率的补充说明。

2006 年度全国旅游企业平均应收账款周转率为 12.46 次，其中：

——旅行社平均应收账款周转率为 18.5 次，国内旅行社的平均应收账款周转率略高于国际旅行社。

——饭店平均应收账款周转率为 10.28 次，高星级饭店平均应收账款周转率高于低星级饭店。

——旅游集团平均应收账款周转率为 20.37 次。

——旅游景区平均应收账款周转率为 4.85 次，主题类旅游景区平均应收账款周转率高于自然类和文物类旅游景区。

——其他旅游企业平均应收账款周转率为12.13次。

旅行社企业因资产规模较小，资产营运效率较高；高星级饭店和主题类旅游景区，因管理规范，客源稳定，比同类型其他企业资产营运效率要高。

（三）偿债能力状况主要指标

1. 资产负债率

资产负债率是指企业一定时期负债总额同资产总额的比率。资产负债率表示企业总资产中有多少是通过负债筹集的，该指标是评价企业负债水平的综合指标。

2006年度全国旅游企业平均资产负债率为60.16%，其中：

——旅行社平均资产负债率为58.38%，国内旅行社平均资产负债率低于国际旅行社。

——饭店平均资产负债率为65.64%，低星级饭店平均资产负债率低于高星级饭店。

——旅游集团平均资产负债率为48.42%。

——旅游景区平均资产负债率为45.57%，主题类旅游景区平均资产负债率高于自然类和文物类旅游景区。

——其他旅游企业平均资产负债率为59.12%。

2. 流动比率

流动比率是企业一定时期流动资产同流动负债的比率。流动比率衡量企业短期债务偿还能力，评价企业偿债能力的强弱。

2006 年度全国旅游企业平均流动比率为 0.66，其中：

——旅行社平均流动比率为 1.18，国内旅行社平均流动比率高于国际旅行社。

——饭店平均流动比率为 0.53，未评星级饭店流动比率最低，高星级饭店平均流动比率高于低星级饭店。

——旅游集团平均流动比率为 0.92。

——旅游景区平均流动比率为 0.76，文物类旅游景区平均流动比率高于自然类和主题类旅游景区。

——其他旅游企业平均流动比率为 0.67。

3. 速动比率

速动比率是企业一定时期的速动资产同流动负债的比率。速动比率衡量企业的短期偿债能力，评价企业流动资产变现能力的强弱。

2006 年度全国旅游企业平均速动比率为 0.6，其中：

——旅行社平均速动比率为 1.09，国内旅行社平均速动比率高于国际旅行社。

——饭店平均速动比率为 0.49，高星级饭店平均速动比率高于低星级饭店。

——旅游集团平均速动比率为 0.85。

——旅游景区平均速动比率为 0.69，文物类旅游景区平均速动比率高于自然类和主题类旅游景区。

——其他旅游企业平均速动比率为 0.52。

4. 长期资产适合率

长期资产适合率是企业所有者权益与长期负债之和同固定资产与长期投资之和的比率。长期资产适合率从企业资源配置结构方面反映了企业的偿债能力。

2006 年度全国旅游企业平均长期资产适合率为 90.99%，其中：

——旅行社平均长期资产适合率为 141.73%，国内旅行社平均长期资产适合率高于国际旅行社。

——饭店平均长期资产适合率为 83.67%，五星级饭店平均长期资产适合率高于其他类型的星级饭店。

——旅游集团平均长期资产适合率为 91.73%。

——旅游景区平均长期资产适合率为 119.14%，文物类旅游景区平均长期资产适合率最高，自然类次之，主题类最低。

——其他旅游企业平均长期资产适合率为 84.77%。

以上各偿债能力状况指标综合反映旅游集团偿债能力最强，体现出了规模经济的优势，旅游景区点企业的偿债能力高于旅行社、饭店和其他旅游企业。按不同类型企业分析，旅行社中国内旅行社偿债能力略高于国际旅行社，从指标显示各类旅行社财务结构较为合理、偿债能力较强。饭店偿债能力状况指标也较为合理，高星级饭店由于贷款较多，偿债能力略低于低星级饭店。旅游景区中文物类旅游景区偿债能力高于自然类和主题类旅游景区，主要是因为文物类景区多为国家投资修建维护，主体类景区和自然类景区是由企业按市场经济规律筹措资金修建的。

(四)发展能力状况主要指标

1. 销售增长率

销售增长率是指企业本年主营业务收入增长额同上年主营业务收入总额的比率。销售增长率表示与上年相比,企业销售收入的增减变动情况,是评价企业成长状况和发展能力的重要指标。

2006 年度,我国旅游业平稳增长,全国旅游企业平均销售增长率达到 9.2%,其中:

——旅行社平均销售增长率为 16.33%,其中国际旅行社销售增长率为 17.04%,国内旅行社销售增长率为 14.89%。

——饭店平均销售增长率为 4.62%,未评星级饭店平均销售增长率最高,高星级饭店的销售增长率高于低星级饭店。

——旅游集团平均销售增长率为 1.91%。

——旅游景区平均销售增长率为 20.09%,文物类旅游景区平均销售增长率高于自然类和主题类旅游景区。

——其他旅游企业平均销售增长率为 13.72%。

2. 资本积累率

资本积累率是指企业本年所有者权益增长额同年初所有者权益的比率。资本积累率表示企业当年资本的积累能力,是评价企业发展潜力的重要指标。

2006 年度全国旅游企业平均资本积累率为 -0.2%,其中:

——旅行社平均资本积累率为5.13%,国际旅行社平均资本积累率高于国内旅行社。

——饭店平均资本积累率为-4.78%,高星级饭店平均资本积累率高于低星级饭店,其中三星级及以下饭店平均资本积累率小于0。

——旅游集团平均资本积累率为5.59%。

——旅游景区平均资本积累率为9.23%,文物类旅游景区平均资本积累率最高,自然类次之,主题类最低。

——其他旅游企业平均资本积累率为5.8%。

3. 总资产增长率

总资产增长率是企业本年总资产增长额同年初资产总额的比率。总资产增长率衡量企业本期资产规模的增长情况,评价企业经营规模总量上的扩张程度。

2006年度全国旅游企业平均总资产增长率为0.32%,其中:

——旅行社平均总资产增长率为13.02%,国际旅行社平均总资产增长率高于国内旅行社。

——饭店平均总资产增长率为-4.41%。

——旅游集团平均总资产增长率为9.75%。

——旅游景区平均总资产增长率为11.24%,文物类旅游景区平均总资产增长率最高,自然类次之,主题类最低。

——其他旅游企业平均总资产增长率为3.02%。

以上各发展能力状况指标综合反映出旅游景区发展能力强于其

他四类企业，旅行社、饭店、旅游集团和其他旅游企业保持稳定的增长，其中国内旅行社增长速度较快，旅游景区中自然类和文物类旅游景区发展能力较强，饭店特别是一大批中低星级饭店企业发展能力严重下降。

（五）分项补充指标

1. 人均增加值（全员劳动生产率）

旅游行业增加值是旅游企业在一定时间内向游客提供旅游服务过程中所创造的增加价值，它反映了企业创造社会价值的能力，按统计口径，增加值是企业固定资产折旧、劳动者报酬、生产税净额、营业盈余之和。

2006 年度全国旅游企业人均增加值 41772 元，比上年 29335 元提高了 42.39%。

——旅行社人均增加值 29732 元，北京、上海、江苏、湖南、广东、贵州、云南、陕西和青海等 9 省区市人均增加值高于全国平均值。

——饭店人均增加值 38554 元，北京、内蒙古、辽宁、江苏、浙江、上海、山东、湖南、广东和宁夏等 10 省区市人均增加值高于全国平均值。

——旅游景区人均增加值 30521 元，上海、江苏、浙江、安徽、福建、山东、湖北、广东、云南、陕西和新疆等 11 省区市人均增加值高于全国平均值。

——旅游集团人均增加值 18502 元，北京和湖北等省区市人均增加值高于全国其他省区市。

——其他旅游企业人均增加值31002元,北京、山西和宁夏等省区市人均增加值高于全国平均值。

2. 人均财政贡献

旅游行业财政贡献是旅游企业在一定时间内向游客提供旅游服务过程中所创造的财政贡献,它反映了企业向国家纳税的能力,按统计口径,财政贡献是企业各项税费之和。

2006年度全国旅游企业人均财政贡献16332元,比上年10816元提高了50.1%。

——旅行社人均财政贡献2690元,北京、上海、重庆、广东、黑龙江等5省区市人均财政贡献较高。

——饭店人均财政贡献4533元,北京、上海、福建、江苏、浙江、山东、湖南、广东、辽宁、安徽等10省区市人均财政贡献高于全国平均值。

——旅游景区人均财政贡献4822元,上海、江苏、安徽、福建、山东、广东、海南、云南、甘肃、四川、浙江等11省区市人均财政贡献高于全国平均值。

——旅游集团人均财政贡献9698元,北京、上海、辽宁、安徽、湖北、云南等省区市人均财政贡献高于全国其他省区市。

——其他旅游企业人均财政贡献3704元,浙江、山东、海南、云南等省区市人均财政贡献高于全国其他省区市。

3. 旅行社补充指标

2006年全国旅行社入境旅游收入比率为15.28%,其中自联入境旅游收入比率9.89%。北京、黑龙江、上海、四川、西藏、陕西和新疆等省区市入境旅游收入超过全国平均值。

旅行社国内旅游收入比率为65.35%,其中国际旅行社国内旅游收入比率为47.92%。国内旅游收入比率较高的省市区有:河北、山西、内蒙古、江西、山东、湖南、贵州、青海和宁夏。

旅行社出境旅游收入比率为19.37%,北京、辽宁、上海和广东等省区市出境旅游收入比率高于其他省区市。

旅行社入境旅游收入毛利率为8.07%,入境旅游收入毛利率较高的省市区有天津、山西、内蒙古、江苏、河南、湖北和海南等。

旅行社国内旅游收入毛利率为5.62%,其中国际旅行社的国内旅游收入毛利率为3.96%,国内旅行社的国内旅游收入毛利率为7.19%,天津、内蒙古、上海、河南、湖北和甘肃等15省区市国内旅游收入毛利率高于全国平均值。

旅行社出境旅游收入毛利率为4.76%,其中:天津、山西、内蒙古和贵州等4省区市的出境旅游收入毛利率高于其他省区市。

4. 饭店补充指标

2006年全国饭店平均客房出租率为55.22%,高星级饭店的出租率明显高于中低星级饭店,北京、上海、江苏和河南等省区市饭店平均客房出租率高于全国其他省区市。

饭店平均房价286.59元,高星级饭店房价高于低星级饭店。北京、天津、上海、江苏、广东和浙江等省区市平均房价高于全国平均值。

饭店房费收入比率为50%，餐饮收入比率为42.54%，商品收入比率为5.01%，娱乐收入比率为2.45%。饭店房费收入比率较高的有北京、天津、上海、江西、湖北、海南、贵州、云南和青海等省区市，餐饮收入比率较高的有河北、山东、吉林、广东和陕西等省区市。

饭店餐饮收入毛利率为52.81%，商品收入毛利率为29.07%，娱乐收入毛利率为73.37%。高星级饭店分项收入的毛利率均高于低星级饭店。饭店餐饮毛利率较高的有北京、吉林、上海、广东和海南等省区市，饭店商品毛利率较高的有北京、辽宁、黑龙江、河南、湖南和广东等省区市。

5. 旅游景区补充指标

2006年全国旅游景区门票收入比率为75.15%，餐饮收入比率为7.54%，商品收入比率为5.24%，娱乐收入比率为2.15%，其他旅游收入比率为9.92%。天津、吉林、上海、江苏、江西、山东、河南、广西和陕西等16省市区门票收入比率高于全国平均值。

旅游景区餐饮收入毛利率为43.25%，商品收入毛利率为44.46%，娱乐收入毛利率为61.07%。

旅游景区平均门票价格为33.71元，其中4A级景区平均门票价格为49.47元，3A级景区平均门票价格为28.39元，2A级以下景区（含未评A）平均门票价格为17.97元；按类型分，自然类景区平均门票价格为37.23元，文物类景区平均门票价格为24.54元，主题类景区平均门票价格为32.17元。上海、山西、广东、西藏和贵州等省区市景区门票价格高于全国平均值。

（六）综合考核情况

从2006年度全国旅游企业主要财务指标综合分析，总体情况较上年有较大增长和提高。财务效益指标稳健增长；资产营运状况正常；偿债能力比上年略有提高。

分类企业中：旅行社企业的经营特点，旅游业务经营毛利率和主营业务收入利润率较低，但在全国旅游市场平稳增长的形势下，整体赢利能力较上年有较大幅度的增长，国际旅行社整体赢利能力和发展能力均优于国内旅行社。饭店企业加速分化，高星级酒店步入快速发展轨道，部分低星级经营状况逐趋弱势，获利能力和发展能力较上年有不同程度下滑，预计相当部分三星级以下饭店将进入装修改造和资产整合密集期。旅游景区处于快速发展阶段，整体经营情况良好，各类旅游景区的总资产报酬率都为正数，赢利能力较强。文物类旅游景区多数财务指标优于自然类和主题类旅游景区，资产结构良好；主体旅游景区贴近市场需求，长期赢利能力较强。

今年首次启用补充指标表，对旅游企业人均增加值、人均财政贡献及各项收入比率进行了测评。总体分析，饭店企业、旅游景区及旅游集团无论是人均增加值还是人均财政贡献都高于旅行社企业及其他旅游企业。东部沿海及中部部分发达省市旅游企业经营情况仍然走在全国旅游企业前列，西部地区旅游企业也保持快速稳定增长的态势。

附　　表

2006 年度全国旅游行业经济效益

地区	财务效益状况				资产营运状况		
	净资产收益率（%）	总资产报酬率（%）	主营业务利润率（%）	成本费用利润率（%）	总资产周转率（%）	流动资产周转率（%）	存货周转率（次）
全　国	1.09	2.22	32.47	2.12	55.14	206.24	13.92
北　京	7.86	4.98	31.16	5.34	82.08	280.75	12.77
天　津	0.93	1.87	30.57	0.71	68.37	210.26	17.79
河　北	-7.30	-1.61	28.84	-7.34	34.14	177.30	10.97
山　西	-3.56	-0.13	21.58	-1.99	62.74	240.47	14.91
内蒙古	-0.13	0.82	32.22	0.31	42.70	199.22	8.06
辽　宁	-6.21	-0.99	40.02	-4.60	33.85	188.54	11.91
吉　林	-7.50	-2.04	26.63	-9.18	28.01	161.89	10.01
黑龙江	-7.70	-2.72	25.56	-8.02	40.16	209.99	7.65
上　海	7.28	5.77	37.79	9.18	55.71	188.73	23.53
江　苏	-0.96	1.94	28.79	-0.05	56.54	225.97	15.34
浙　江	-0.53	2.21	33.56	0.62	56.50	212.77	26.68
安　徽	4.55	4.39	27.69	6.06	61.11	190.67	10.59
福　建	-0.21	1.96	27.11	0.65	76.95	219.63	21.88
江　西	-3.65	-1.04	23.40	-3.12	53.54	242.70	18.31
山　东	1.71	1.73	36.69	2.91	41.57	155.02	6.53

评价主要财务指标表（全部旅游企业）

	偿债能力状况				发展能力状况		
应收账款周转率（次）	资产负债率（%）	流动比率（%）	速动比率（%）	长期资产适合率（%）	销售增长率（%）	资本积累率（%）	总资产增长率（%）
12.46	60.16	65.86	60.30	90.99	9.20	1.20	0.32
25.47	66.29	65.59	56.56	83.05	19.51	4.43	5.41
11.57	67.58	62.05	57.21	81.97	18.01	10.31	9.55
5.92	59.28	42.34	38.78	72.46	-9.64	-7.72	-16.42
6.76	55.81	56.70	50.67	88.38	19.82	8.29	15.48
6.94	44.53	70.78	63.11	119.39	23.74	32.63	32.50
6.90	73.61	36.27	33.78	64.00	0.93	-4.81	-13.77
5.80	63.35	39.70	35.96	70.20	-0.25	-3.85	-23.01
9.34	54.56	48.34	39.57	79.34	23.09	5.58	6.18
22.30	47.84	92.17	88.21	97.61	4.30	7.39	6.00
12.79	61.42	59.95	54.89	93.56	-1.01	1.37	-0.58
21.33	63.37	57.65	55.14	85.72	12.55	0.89	2.35
10.06	51.52	81.71	74.07	104.75	19.29	6.01	8.75
13.60	61.13	78.94	73.95	104.57	20.75	18.64	9.81
13.60	49.87	63.61	59.00	95.69	18.93	9.22	12.34
6.30	54.79	72.89	64.36	116.14	-3.58	-6.59	-4.91

地区	财务效益状况				资产营运状况		
	净资产收益率（%）	总资产报酬率（%）	主营业务利润率（%）	成本费用利润率（%）	总资产周转率（%）	流动资产周转率（%）	存货周转率（次）
河南	-4.29	0.05	28.06	-2.84	43.39	149.45	8.88
湖北	-2.00	0.38	32.47	-0.80	46.51	233.26	17.99
湖南	-7.16	-1.71	28.43	-5.00	52.97	213.88	11.99
广东	1.42	1.98	37.75	1.96	54.92	169.15	19.69
广西	-3.92	1.60	27.68	-1.66	47.74	257.79	19.47
海南	-1.39	-0.17	45.34	-1.42	34.13	135.43	4.85
重庆	-5.95	-0.47	28.42	-3.26	47.75	183.02	9.41
四川	-2.93	0.02	30.19	-2.94	37.92	188.98	14.74
贵州	-5.81	-0.40	31.63	-2.71	56.91	191.69	10.75
云南	-1.73	0.17	22.92	-0.69	53.30	209.30	9.94
西藏	-1.09	-0.47	15.33	-4.16	12.93	62.38	2.61
陕西	-15.38	0.28	35.44	-2.67	51.04	214.83	11.84
甘肃	-2.39	-0.59	24.56	-3.08	32.95	148.72	8.44
青海	-3.85	-1.37	23.94	-4.94	37.83	176.26	9.06
宁夏	1.38	1.91	31.35	1.73	52.44	322.47	11.97
新疆	-7.22	-2.43	25.85	-5.96	42.84	219.05	11.15

续表

	偿债能力状况				发展能力状况		
应收账款周转率(次)	资产负债率(%)	流动比率(%)	速动比率(%)	长期资产适合率(%)	销售增长率(%)	资本积累率(%)	总资产增长率(%)
6.81	64.71	68.89	63.91	90.71	9.26	-4.10	1.50
10.42	61.66	49.80	46.17	83.22	17.03	0.03	0.56
9.19	58.95	69.89	63.29	99.23	-0.39	-4.11	-10.50
7.66	66.33	73.75	70.70	100.04	-7.28	-11.85	-10.25
12.14	73.92	38.52	35.51	75.39	15.04	-4.27	-2.28
10.26	59.38	57.10	51.09	95.61	5.67	-13.66	-18.98
16.52	70.76	58.75	51.00	94.25	15.89	1.63	4.50
7.68	53.55	55.04	50.64	93.46	16.10	0.40	-1.26
9.95	70.46	66.80	58.07	78.76	8.87	-8.51	-4.79
12.02	54.01	83.85	69.36	106.65	8.50	5.06	-0.31
1.75	39.75	59.01	47.79	97.56	-7.05	-7.71	-7.87
12.12	83.90	60.40	54.01	73.95	20.06	-12.51	-2.93
4.08	49.99	66.06	59.73	93.16	10.52	3.75	0.28
5.98	46.72	61.56	54.82	100.83	50.30	45.57	49.02
14.14	48.12	40.98	35.29	81.40	18.14	0.19	0.34
10.18	58.41	42.79	38.03	70.87	12.40	20.16	6.68

2006 年度全国旅游行业经济效益

地区	财务效益状况				资产营运状况		
	净资产收益率(%)	总资产报酬率(%)	主营业务利润率(%)	成本费用利润率(%)	总资产周转率(%)	流动资产周转率(%)	存货周转率(次)
全　国	1.98	1.93	5.42	0.49	312.44	493.71	
北　京	2.50	2.34	5.17	0.70	281.26	438.84	
天　津	-0.71	0.61	6.93	-0.06	245.86	455.81	
河　北	-1.54	-0.59	5.27	-0.21	311.63	430.07	
山　西	-3.48	-1.52	4.23	-0.56	317.45	466.18	
内蒙古	-0.89	0.02	6.31	-0.10	202.08	295.91	
辽　宁	-1.09	0.45	5.05	0.10	384.89	539.97	
吉　林	-2.09	-0.80	6.09	-0.35	233.94	339.20	
黑龙江	3.12	2.54	7.04	0.75	341.59	506.44	
上　海	9.92	4.86	5.50	1.37	335.03	465.88	
江　苏	5.98	3.98	4.54	0.71	416.98	642.69	
浙　江	3.47	2.62	4.94	0.40	544.98	817.12	
安　徽	3.89	2.72	5.54	0.61	432.69	637.17	
福　建	1.37	1.05	4.29	0.32	278.08	498.86	
江　西	0.01	0.79	4.07	0.15	474.80	628.15	
山　东	-3.40	-0.26	6.10	-0.23	282.18	530.18	

评价主要财务指标表(旅游社)

	偿债能力状况				发展能力状况		
应收账款周转率(次)	资产负债率(%)	流动比率(%)	速动比率(%)	长期资产适合率(%)	销售增长率(%)	资本积累率(%)	总资产增长率(%)
18.49	58.38	117.80	109.15	141.73	16.33	5.13	13.02
19.86	57.21	124.92	98.47	142.90	33.44	3.08	16.03
18.51	69.41	90.79	83.76	94.64	25.00	5.35	17.37
17.02	33.04	224.85	224.13	388.75	-0.38	-6.87	-10.45
13.44	44.69	162.96	157.92	251.02	18.02	-1.01	-0.05
9.36	35.83	208.75	204.87	340.51	27.54	22.99	11.71
19.29	57.22	137.00	136.13	221.50	7.30	-16.88	-22.90
8.79	50.68	144.33	142.82	292.20	24.23	10.89	7.49
18.21	45.98	150.98	144.99	245.63	29.52	4.56	11.60
20.32	65.42	114.28	114.18	145.34	14.94	-6.18	6.90
20.52	62.05	134.71	134.02	198.94	-5.68	-3.25	-10.32
32.03	65.81	109.03	108.33	155.00	20.18	3.92	4.89
18.10	53.44	132.00	130.90	219.74	29.70	0.65	15.05
15.47	57.93	100.20	99.73	119.93	25.07	22.57	22.97
18.06	31.89	261.63	256.78	499.17	26.55	22.70	23.75
17.04	62.76	88.20	87.05	96.16	17.03	8.81	1.74

地　区	财务效益状况				资产营运状况		
	净资产收益率（%）	总资产报酬率（%）	主营业务利润率（%）	成本费用利润率（%）	总资产周转率（%）	流动资产周转率（%）	存货周转率（次）
河　南	0.32	0.77	6.77	0.25	206.85	320.95	
湖　北	0.81	0.76	6.81	0.31	204.60	418.12	
湖　南	9.08	6.64	4.48	1.31	513.86	657.35	
广　东	0.78	0.82	6.00	0.24	314.38	485.45	
广　西	2.20	1.48	3.19	0.29	411.89	649.45	
海　南	-3.14	-0.88	4.36	-0.39	253.79	384.23	
重　庆	-6.31	-0.31	3.88	-0.41	365.68	698.32	
四　川	-2.04	-0.18	3.64	-0.17	351.72	580.71	
贵　州	-4.63	-1.43	3.23	-0.41	384.85	509.57	
云　南	5.64	2.93	3.89	0.61	447.64	677.21	
西　藏							
陕　西	-2.71	2.89	19.20	0.80	147.54	382.93	
甘　肃	2.26	1.49	5.61	0.77	155.96	231.96	
青　海	-27.52	-17.91	-7.42	-12.62	124.12	196.86	
宁　夏	0.57	0.50	3.60	0.09	448.57	586.55	
新　疆	-1.18	1.32	6.68	-0.02	264.96	346.42	

续表

	偿债能力状况				发展能力状况		
应收账款周转率(次)	资产负债率(%)	流动比率(%)	速动比率(%)	长期资产适合率(%)	销售增长率(%)	资本积累率(%)	总资产增长率(%)
9.05	46.80	165.04	162.96	209.48	10.22	-3.28	-1.44
20.80	63.61	79.92	78.13	85.47	30.95	14.94	13.04
21.60	35.18	244.61	241.60	519.29	-8.59	-17.62	-16.72
21.05	57.60	120.91	118.74	182.29	-17.28	-13.76	-22.39
14.84	62.63	108.69	107.32	205.14	25.36	20.94	11.48
10.26	75.87	93.09	87.96	118.19	35.93	-30.98	54.97
23.21	64.16	90.55	89.90	100.38	17.75	10.36	5.59
22.19	45.84	153.05	151.96	183.49	28.59	26.78	20.36
19.05	61.05	135.75	133.42	248.58	12.17	-4.64	4.10
15.97	63.23	123.04	121.82	169.28	13.62	4.13	-9.22
19.08	54.49	83.02	76.68	66.86	64.75	437.82	720.91
6.34	55.00	137.46	136.01	187.64	9.46	6.51	-4.87
4.78	35.32	201.45	193.14	230.70	54.77	8.21	12.26
22.57	56.10	160.11	153.59	274.40	33.67	21.30	28.43
9.88	53.14	150.13	145.58	299.99	11.66	9.52	4.20

2006年度全国旅游行业经济效益

地区	财务效益状况				资产营运状况		
	净资产收益率（%）	总资产报酬率（%）	主营业务利润率（%）	成本费用利润率（%）	总资产周转率（%）	流动资产周转率（%）	存货周转率（次）
全　国	2.95	2.32	5.48	0.65	290.57	482.23	
北　京	2.71	2.46	5.27	0.78	268.51	423.45	
天　津	4.29	2.00	8.22	0.45	299.61	534.86	
河　北	-1.25	-0.01	5.55	0.00	386.53	543.14	
山　西	0.05	0.85	5.40	0.11	274.67	420.65	
内蒙古	4.56	3.34	7.73	1.58	187.31	278.91	
辽　宁	3.53	2.60	4.87	0.55	460.37	651.68	
吉　林	-1.27	-0.28	6.68	-0.16	203.32	328.09	
黑龙江	5.69	4.08	6.28	0.98	423.21	650.20	
上　海	8.25	4.56	4.44	1.25	324.24	476.16	
江　苏	12.38	5.62	4.04	1.09	420.78	647.45	
浙　江	10.79	2.65	3.91	0.33	592.91	862.54	
安　徽	5.49	3.32	6.07	0.80	392.44	646.19	
福　建	3.45	1.80	3.86	0.60	265.91	535.48	
江　西	0.83	0.81	3.15	0.12	473.41	674.98	
山　东	2.53	2.05	8.21	0.63	237.63	621.59	

评价主要财务指标表（国际旅游社）

	偿债能力状况				发展能力状况		
应收账款周转率（次）	资产负债率（%）	流动比率（%）	速动比率（%）	长期资产适合率（%）	销售增长率（%）	资本积累率（%）	总资产增长率（%）
18.05	60.84	107.07	96.43	120.15	17.04	7.14	16.03
19.23	56.91	124.69	97.20	141.20	33.49	2.75	15.95
27.91	71.80	92.51	84.99	102.45	23.99	9.63	21.29
23.94	58.74	125.14	124.98	411.00	-0.16	4.21	-8.94
9.24	66.66	110.35	108.90	171.90	20.09	-16.87	-5.55
6.99	49.44	138.33	136.61	332.98	12.42	10.56	6.93
24.31	67.99	114.51	113.71	186.80	14.59	-16.90	-25.83
7.98	61.50	109.05	108.00	247.46	23.19	22.62	7.54
21.81	50.03	134.71	128.26	226.92	31.01	2.45	20.11
15.19	58.73	117.64	117.62	142.67	21.89	3.79	4.68
16.26	69.53	95.89	95.41	144.58	-14.08	-9.55	-21.50
26.16	87.73	81.59	81.41	68.01	16.61	11.21	13.25
17.76	64.68	98.54	98.00	162.21	33.43	2.02	22.54
18.58	60.36	85.33	84.94	96.66	33.43	29.06	26.15
18.71	45.29	174.16	168.24	467.25	45.57	23.09	27.55
20.36	71.17	55.65	55.01	52.39	14.11	12.69	0.69

地　区	财务效益状况				资产营运状况		
	净资产收益率（%）	总资产报酬率（%）	主营业务利润率（%）	成本费用利润率（%）	总资产周转率（%）	流动资产周转率（%）	存货周转率（次）
河　南	0.07	0.80	6.94	0.22	184.97	322.00	
湖　北	2.81	1.11	7.70	0.66	149.80	349.16	
湖　南	2.54	3.20	3.63	0.81	396.00	593.54	
广　东	1.38	1.10	6.34	0.34	305.91	474.45	
广　西	6.44	2.56	2.68	0.57	402.81	624.43	
海　南	-3.69	-0.85	3.91	-0.59	170.28	284.48	
重　庆	-5.32	0.74	3.97	-0.22	354.13	734.66	
四　川	-1.64	0.24	3.04	-0.03	390.57	632.87	
贵　州	-7.64	-1.18	2.28	-0.35	402.63	523.26	
云　南	0.78	0.83	2.80	0.14	497.78	827.94	
西　藏							
陕　西	-2.74	3.24	23.12	1.09	127.91	360.38	
甘　肃	1.09	0.96	5.50	0.36	123.95	201.29	
青　海	-4.35	-1.56	3.35	-1.35	135.15	302.49	
宁　夏	14.24	5.14	4.11	1.09	458.41	521.84	
新　疆	1.58	1.28	6.65	0.45	255.80	346.63	

续表

	偿债能力状况				发展能力状况		
应收账款周转率(次)	资产负债率(%)	流动比率(%)	速动比率(%)	长期资产适合率(%)	销售增长率(%)	资本积累率(%)	总资产增长率(%)
8.82	61.69	114.99	113.47	144.49	13.17	-6.57	-0.68
24.12	75.50	57.92	56.65	55.94	39.65	21.98	14.83
43.46	53.78	151.23	151.21	561.77	-8.57	-46.63	-35.46
21.33	57.26	121.30	120.15	186.42	-20.92	-16.34	-26.21
11.97	67.40	100.86	99.28	185.27	37.56	58.22	29.01
8.03	83.43	77.29	71.09	88.60	25.25	-44.53	80.10
22.95	66.65	81.42	80.84	84.62	16.22	15.33	9.70
23.51	49.40	142.45	142.08	179.30	40.31	45.27	25.86
23.59	80.20	107.55	107.40	190.11	18.32	-4.33	8.77
21.54	66.94	111.50	111.11	146.33	11.80	3.98	-12.44
18.64	55.46	77.21	70.97	62.47	86.64	106.41	106.43
6.05	80.82	85.99	85.23	102.29	3.70	-25.22	-19.57
9.93	62.27	85.94	85.37	99.47	17.95	-33.47	-14.42
20.81	63.40	141.19	132.08	545.52	43.27	18.24	5.37
9.26	55.79	138.83	131.76	265.43	-8.31	0.82	-8.46

2006 年度全国旅游行业经济效益

地区	财务效益状况				资产营运状况		
	净资产收益率（%）	总资产报酬率（%）	主营业务利润率（%）	成本费用利润率（%）	总资产周转率（%）	流动资产周转率（%）	存货周转率（次）
全　国	0.04	0.89	5.28	0.17	370.41	519.44	
北　京	-5.21	-1.29	3.85	-0.20	676.17	793.09	
天　津	-4.92	-0.78	4.94	-0.82	192.47	371.02	
河　北	-1.60	-0.82	5.12	-0.32	282.15	386.66	
山　西	-4.60	-2.94	3.67	-0.88	343.17	491.79	
内蒙古	-3.79	-2.46	5.37	-1.16	213.11	308.23	
辽　宁	-6.03	-3.48	5.67	-1.38	247.10	341.10	
吉　林	-2.79	-1.55	5.44	-0.56	279.26	352.04	
黑龙江	-1.90	-0.80	11.23	-0.46	165.37	227.96	
上　海	13.72	5.35	7.09	1.53	352.55	451.33	
江　苏	1.93	2.33	5.05	0.33	413.17	637.89	
浙　江	2.34	2.60	5.66	0.45	515.84	788.12	
安　徽	2.93	2.15	5.13	0.45	470.94	630.20	
福　建	-2.73	-0.80	5.19	-0.27	308.25	435.18	
江　西	-0.36	0.78	4.63	0.17	475.64	602.93	
山　东	-8.11	-3.50	4.06	-1.05	344.78	464.08	

评价主要财务指标表(国内旅游社)

	偿债能力状况				发展能力状况		
应收账款周转率(次)	资产负债率(%)	流动比率(%)	速动比率(%)	长期资产适合率(%)	销售增长率(%)	资本积累率(%)	总资产增长率(%)
19.47	51.56	152.76	150.57	230.48	14.89	1.26	5.42
33.10	66.56	130.44	129.88	264.12	32.78	16.32	18.51
12.17	66.97	88.97	82.45	88.20	26.58	1.88	13.60
14.72	22.80	328.63	327.33	384.28	-0.49	-8.93	-11.03
17.19	32.07	220.59	211.63	295.91	17.06	4.60	3.41
12.03	26.03	322.11	314.74	344.16	39.85	30.22	15.43
11.33	38.73	197.81	196.75	278.26	-11.59	-16.73	-17.29
9.87	34.68	230.69	228.05	358.41	25.37	1.93	7.40
9.52	36.21	205.67	201.24	291.00	21.83	8.80	-4.71
40.95	75.99	110.08	109.88	152.53	5.95	-25.61	10.61
28.04	55.53	205.50	204.43	238.24	4.79	0.95	2.42
37.98	51.66	140.14	138.86	199.63	22.81	2.84	0.12
18.38	42.13	183.97	182.01	282.73	26.89	-0.17	8.39
11.40	51.63	146.44	145.71	238.05	10.29	10.81	15.46
17.69	23.59	362.01	358.39	515.68	17.32	22.53	21.50
14.72	51.08	154.54	152.34	277.06	20.00	5.83	3.25

地　区	财务效益状况				资产营运状况		
	净资产收益率（%）	总资产报酬率（%）	主营业务利润率（%）	成本费用利润率（%）	总资产周转率（%）	流动资产周转率（%）	存货周转率（次）
河　南	0.54	0.72	6.56	0.29	241.54	319.69	
湖　北	-1.04	-0.17	5.80	-0.10	351.46	539.95	
湖　南	10.63	7.72	4.67	1.42	550.97	673.74	
广　东	-2.67	-0.80	4.35	-0.22	363.78	547.76	
广　西	-2.49	-0.38	4.02	-0.17	427.41	694.32	
海　南	-2.32	-0.98	4.78	-0.21	467.14	570.50	
重　庆	-8.13	-2.72	3.69	-0.79	392.05	633.63	
四　川	-2.45	-0.72	4.63	-0.41	301.90	510.86	
贵　州	-3.30	-1.74	4.59	-0.50	361.84	491.08	
云　南	11.01	6.01	6.02	1.55	374.05	499.56	
西　藏							
陕　西	-2.61	-1.54	3.30	-0.40	391.15	513.30	
甘　肃	2.68	2.15	5.69	1.09	196.60	264.19	
青　海	-36.19	-29.34	-16.16	-19.97	116.42	153.38	
宁　夏	-6.46	-3.16	3.18	-0.72	440.81	652.91	
新　疆	-4.29	1.37	6.72	-0.59	277.40	346.16	

续表

	偿债能力状况				发展能力状况		
应收账款周转率(次)	资产负债率(%)	流动比率(%)	速动比率(%)	长期资产适合率(%)	销售增长率(%)	资本积累率(%)	总资产增长率(%)
9.35	22.96	355.38	351.18	379.58	6.84	-0.49	-2.63
17.98	30.85	222.25	217.06	226.11	22.28	8.81	8.38
19.39	30.33	288.59	284.17	512.56	-8.59	-9.08	-9.91
19.76	59.25	119.02	111.98	164.23	6.85	2.39	3.69
24.15	52.74	129.95	129.11	243.32	9.68	-9.55	-13.01
13.82	51.92	160.94	160.41	341.73	47.66	-5.84	7.43
23.77	58.12	115.43	114.60	161.77	20.98	1.85	-3.24
20.30	41.06	170.62	168.35	188.65	12.94	10.54	13.69
14.91	35.02	215.76	207.24	305.82	4.36	-4.77	-1.65
10.61	58.02	139.46	137.06	215.88	17.37	4.28	-4.29
21.14	32.96	266.92	257.64	345.54	11.63	11.35	6.61
6.59	27.95	271.48	268.24	303.32	14.54	20.85	17.63
3.36	20.24	396.83	375.41	366.85	107.29	29.71	35.99
24.25	51.19	181.97	178.44	229.51	26.71	22.91	50.62
10.79	50.03	164.72	163.41	347.65	53.49	20.26	24.30

2006年度全国旅游行业经济效益

地区	财务效益状况				资产营运状况		
	净资产收益率（%）	总资产报酬率（%）	主营业务利润率（%）	成本费用利润率（%）	总资产周转率（%）	流动资产周转率（%）	存货周转率（次）
全国	-0.35	1.58	54.24	1.02	36.46	162.18	5.76
北京	10.22	5.38	69.26	11.92	39.38	191.05	5.63
天津	4.76	3.29	54.44	2.75	49.71	157.73	4.37
河北	-8.17	-1.81	39.79	-10.16	25.74	151.37	4.68
山西	-4.83	-0.50	35.80	-4.30	40.85	182.29	4.92
内蒙古	-0.37	0.73	41.61	-0.04	45.41	210.93	4.40
辽宁	-6.80	-0.84	59.66	-5.80	24.92	163.71	4.43
吉林	-10.44	-2.61	38.87	-13.76	21.42	129.25	4.09
黑龙江	-9.44	-3.12	42.50	-14.38	24.49	154.51	2.63
上海	8.24	6.12	62.80	12.90	41.63	183.03	7.88
江苏	-2.83	1.44	49.37	-1.97	36.53	176.08	6.50
浙江	-0.88	1.89	46.64	0.74	46.41	179.33	12.81
安徽	1.12	1.48	45.32	1.96	39.92	180.73	4.87
福建	-2.53	1.17	49.24	-0.79	44.60	153.97	7.05
江西	-4.33	-1.27	36.10	-5.87	32.42	172.08	5.45
山东	-1.88	0.44	50.55	-0.64	37.99	135.35	5.01

评价主要财务指标表(饭店)

	偿债能力状况				发展能力状况		
应收账款周转率(次)	资产负债率(%)	流动比率(%)	速动比率(%)	长期资产适合率(%)	销售增长率(%)	资本积累率(%)	总资产增长率(%)
10.28	65.64	53.15	48.83	83.67	4.62	-4.78	-4.41
26.26	70.32	51.32	48.19	83.92	6.70	3.56	1.99
10.18	77.10	69.46	63.60	92.47	8.39	-1.05	-2.44
6.09	59.71	37.37	33.17	67.98	-16.48	-1.19	-16.81
4.94	59.18	48.18	41.25	80.84	20.56	13.15	19.97
6.62	61.72	55.82	47.05	84.97	18.16	-2.17	13.67
6.79	78.50	29.49	26.83	56.28	-4.90	-30.72	-15.99
5.19	68.82	31.99	28.12	56.85	-13.20	-31.24	-18.73
6.60	56.69	40.65	32.34	74.46	20.90	4.80	6.13
23.84	53.33	65.80	61.96	95.25	3.35	5.66	-1.63
10.98	65.25	48.37	44.78	88.22	-4.52	-13.56	-10.40
18.38	67.32	52.88	49.86	78.71	9.26	-4.81	-1.68
10.03	50.78	58.62	51.47	91.75	10.12	-2.40	-1.62
11.07	63.01	66.19	61.48	93.17	14.31	19.68	5.13
13.84	51.61	53.80	49.05	89.47	14.65	8.65	12.17
5.61	66.75	63.62	58.30	83.11	10.78	-0.54	-0.66

地　区	财务效益状况				资产营运状况		
	净资产收益率（%）	总资产报酬率（%）	主营业务利润率（%）	成本费用利润率（%）	总资产周转率（%）	流动资产周转率（%）	存货周转率（次）
河　南	-8.46	-1.15	37.37	-6.44	34.80	122.45	4.58
湖　北	-4.41	-0.22	50.25	-3.63	32.69	202.37	6.15
湖　南	-10.54	-2.49	40.26	-8.60	39.33	163.27	5.33
广　东	-0.58	1.48	60.17	0.96	38.29	119.37	6.14
广　西	-21.41	-0.39	44.61	-8.57	33.17	234.33	7.20
海　南	-3.40	-0.82	72.04	-4.73	24.96	115.97	1.85
重　庆	-9.11	-0.98	49.47	-6.57	31.23	127.21	2.66
四　川	-2.11	0.42	53.75	-2.79	27.77	175.49	4.26
贵　州	-6.50	-0.40	55.90	-4.81	33.72	133.32	2.65
云　南	-4.82	-1.65	47.91	-8.41	23.72	135.43	3.73
西　藏	-0.98	-0.43	19.03	-6.14	7.99	45.35	1.05
陕　西	-148.46	-0.41	50.36	-6.57	33.81	181.23	4.39
甘　肃	-3.96	-1.35	35.03	-6.32	25.60	141.36	3.98
青　海	-2.52	-0.63	38.20	-4.00	29.62	184.44	3.83
宁　夏	-2.47	-0.40	38.09	-3.33	38.12	230.78	5.23
新　疆	-8.14	-2.80	35.20	-8.84	30.90	189.29	5.46

续表

	偿债能力状况				发展能力状况		
应收账款周转率(次)	资产负债率(%)	流动比率(%)	速动比率(%)	长期资产适合率(%)	销售增长率(%)	资本积累率(%)	总资产增长率(%)
5.89	73.58	58.66	54.01	78.56	4.87	-21.98	-4.65
11.19	68.63	37.90	34.12	77.31	9.04	-5.41	-2.61
7.15	63.57	64.87	57.76	92.53	3.82	-6.06	-11.59
5.02	70.67	72.36	69.07	99.06	-3.56	-19.29	-12.67
12.26	84.81	26.01	23.78	59.27	6.20	-6.25	-4.15
10.96	64.61	50.28	43.92	79.37	4.96	-17.56	-10.92
14.26	75.43	58.49	48.66	93.86	7.67	-4.93	3.37
12.30	53.58	39.90	35.49	82.51	6.77	-2.07	-8.21
7.58	73.05	57.74	48.62	73.14	8.54	-14.81	-5.67
8.06	54.51	56.56	50.76	96.55	-8.09	-10.88	-14.02
1.41	35.07	51.13	36.78	98.64	-77.06	-77.26	-80.49
9.91	103.13	46.76	40.23	74.42	12.05	-145.43	-19.38
4.62	54.71	53.02	45.74	88.44	5.31	-9.00	-7.21
8.38	47.89	44.19	36.96	95.18	48.12	54.74	57.94
9.91	51.04	35.95	29.35	76.38	11.85	-5.74	-0.64
10.57	59.59	35.45	30.59	67.07	12.76	19.65	6.12

2006年度全国旅游行业经济效益

地区	财务效益状况				资产营运状况		
	净资产收益率（%）	总资产报酬率（%）	主营业务利润率（%）	成本费用利润率（%）	总资产周转率（%）	流动资产周转率（%）	存货周转率（次）
全　国	10.28	5.85	67.76	13.58	37.80	190.75	6.03
北　京	21.91	10.59	72.45	24.65	45.22	256.47	5.75
天　津	4.28	31.52	65.58	26.37	131.94	178.25	8.67
河　北	-16.65	-1.47	70.17	-21.46	18.65	147.70	7.14
山　西							
内蒙古	8.37	1.86	68.67	2.32	49.53	407.57	6.17
辽　宁	11.59	3.40	66.59	11.39	27.90	167.18	4.49
吉　林	-6.68	3.43	60.78	-2.90	19.30	85.49	1.69
黑龙江	-6.79	-0.76	73.64	-11.71	16.92	186.93	1.78
上　海	14.49	10.98	64.18	25.82	47.89	281.43	14.22
江　苏	7.24	3.93	63.74	8.45	35.12	205.89	7.30
浙　江	3.77	3.65	64.22	4.96	32.48	134.94	8.78
安　徽	2.97	3.36	64.97	7.77	32.91	287.76	2.85
福　建	15.55	1.24	66.19	-4.11	51.64	155.36	6.21
江　西	1.58	1.93	52.23	3.04	28.52	237.04	3.95
山　东	4.44	2.81	68.65	6.51	36.98	103.32	6.02

评价主要财务指标表(五星级饭店)

	偿债能力状况				发展能力状况		
应收账款周转率(次)	资产负债率(%)	流动比率(%)	速动比率(%)	长期资产适合率(%)	销售增长率(%)	资本积累率(%)	总资产增长率(%)
17.20	64.47	59.66	55.85	93.33	6.23	2.86	-3.80
37.20	68.07	52.70	48.69	94.37	7.50	3.20	-1.44
6.12	85.37	196.76	190.34	270.28	19.17	13.83	13.66
26.56	52.71	53.57	51.05	92.03	0.26	192.10	-9.25
43.41	99.10	54.11	46.72	96.33	92.02	-94.20	78.77
5.28	78.74	29.71	27.26	45.99	-0.04	-35.35	-26.77
24.73	87.38	107.52	105.30	107.25	-47.17	-45.28	-48.17
110.17	64.57	24.38	20.33	83.30	10.94	-4.23	-2.43
49.67	37.84	78.94	75.37	108.88	6.64	17.71	-0.52
17.12	65.76	51.88	48.57	90.97	2.24	3.49	-10.83
58.84	64.59	72.74	69.84	94.39	16.02	5.26	2.57
	18.62	59.25	44.84	161.03	26.33	-4.18	-9.21
13.81	119.22	41.52	38.69	35.67	1.51	20.40	-9.29
135.38	51.90	226.69	211.92	116.19	1.43	1.56	-4.18
4.26	63.56	124.73	120.59	121.38	15.73	18.75	18.93

地　区	财务效益状况				资产营运状况		
	净资产收益率（%）	总资产报酬率（%）	主营业务利润率（%）	成本费用利润率（%）	总资产周转率（%）	流动资产周转率（%）	存货周转率（次）
河　南	-15.29	0.45	55.31	-7.25	22.96	46.76	4.58
湖　北	-7.89	0.60	77.36	-3.68	27.81	303.29	4.64
湖　南	-1.10	1.29	73.09	-3.57	12.64	39.51	0.60
广　东	11.19	5.53	70.81	12.52	41.10	138.24	5.44
广　西	-8.36	2.90	62.46	-1.44	25.32	349.48	7.89
海　南	5.41	2.00	82.37	6.27	32.63	154.50	3.91
重　庆	-6.41	0.10	58.51	-3.67	21.60	180.27	2.65
四　川	5.13	3.76	71.89	11.56	25.71	250.05	4.32
贵　州	-5.94	2.98	78.34	5.51	52.91	198.23	3.13
云　南	-2.49	-1.27	67.89	-4.89	24.58	130.79	1.96
西　藏							
陕　西	7.30	2.57	68.70	-2.38	32.16	213.06	1.26
甘　肃	-19.26	-3.91	27.05	-21.20	16.54	150.40	8.51
青　海	-3.08	-1.87	22.02	-8.55	19.10	119.27	2.87
宁　夏							
新　疆	-6.32	-1.95	34.20	-7.62	25.82	223.92	6.01

续表

	偿债能力状况				发展能力状况		
应收账款周转率(次)	资产负债率(%)	流动比率(%)	速动比率(%)	长期资产适合率(%)	销售增长率(%)	资本积累率(%)	总资产增长率(%)
25.90	89.65	121.19	119.54	125.66	6.50	-8.92	18.34
49.00	77.65	27.59	25.29	73.28	6.04	-6.03	-0.51
14.30	80.37	106.34	89.90	114.67	-64.83	-92.61	-82.22
8.44	71.76	58.51	55.74	81.54	-0.05	-14.97	-5.53
17.83	91.72	15.39	14.40	54.60	16.63	26.43	0.58
11.86	70.59	59.38	57.15	88.55	3.86	-30.35	-19.16
19.84	87.65	45.40	35.55	102.02	9.65	-0.13	11.53
33.75	40.20	30.73	28.14	80.40	-15.69	-3.25	-29.06
17.34	99.78	100.40	90.17	101.32	17.73	-108.24	-6.20
30.78	49.35	152.03	137.04	140.25	1.84	-6.02	-5.20
13.08	116.46	52.99	38.84	86.18	20.77	8.37	0.34
13.51	78.21	27.90	25.31	50.32	-13.00	-46.56	-40.51
6.60	39.38	42.47	35.51	77.41	-3.64	-3.04	-3.43
17.96	57.76	33.94	28.14	76.08	12.84	44.43	13.79

2006年度全国旅游行业经济效益

地区	财务效益状况				资产营运状况		
	净资产收益率（%）	总资产报酬率（%）	主营业务利润率（%）	成本费用利润率（%）	总资产周转率（%）	流动资产周转率（%）	存货周转率（次）
全　国	-1.17	1.58	56.76	0.33	35.30	149.17	6.01
北　京	8.09	3.74	71.84	7.66	35.80	165.91	4.46
天　津	-43.72	1.92	52.70	-3.20	43.85	187.02	3.17
河　北	-5.40	-2.13	43.96	-10.77	20.33	149.38	3.28
山　西	-5.27	-0.14	37.80	-5.14	37.49	190.76	5.39
内蒙古	-1.55	0.59	64.21	-1.45	34.44	301.33	3.83
辽　宁	-9.72	-1.68	64.90	-9.11	23.37	172.85	3.61
吉　林	-10.96	-3.71	36.28	-20.39	18.01	121.58	5.23
黑龙江	-14.27	-3.35	50.44	-17.00	23.55	131.68	1.09
上　海	7.78	5.67	65.62	12.21	35.18	101.19	4.01
江　苏	-1.53	3.57	56.61	-1.09	36.46	178.08	7.19
浙　江	6.06	4.88	43.55	5.79	61.12	211.97	20.67
安　徽	-0.71	0.76	50.96	-0.16	38.28	193.00	5.10
福　建	-0.78	1.71	50.74	0.37	43.28	187.58	5.54
江　西	-4.32	-1.83	42.19	-6.31	33.96	186.07	4.82
山　东	-1.15	0.65	53.76	-0.59	35.67	156.23	4.80

评价主要财务指标表（四星级饭店）

	偿债能力状况				发展能力状况		
应收账款周转率（次）	资产负债率（%）	流动比率（%）	速动比率（%）	长期资产适合率（%）	销售增长率（%）	资本积累率（%）	总资产增长率（%）
9.64	69.15	54.82	50.96	83.41	4.58	-1.36	-2.10
21.50	78.31	48.45	45.70	76.79	5.90	6.26	2.14
21.84	98.56	52.93	46.50	89.16	5.72	-78.16	-5.09
5.27	50.21	33.31	28.42	68.02	-18.29	-11.96	-24.29
3.53	62.25	38.93	34.02	78.87	35.53	27.37	45.45
17.20	63.60	17.85	15.33	38.35	9.88	-7.46	2.17
8.32	77.06	43.69	39.63	81.06	-8.49	-26.13	-12.66
11.57	59.20	28.36	25.82	62.22	-20.83	-19.75	-15.35
9.14	65.37	39.36	24.33	64.62	44.33	28.50	10.94
27.02	65.81	92.91	87.40	102.87	-2.23	3.20	2.01
15.15	61.60	52.86	48.84	98.25	-3.58	-4.88	-5.70
28.54	66.70	61.01	58.20	83.62	9.89	-0.13	0.97
11.40	59.04	48.41	43.89	76.65	8.25	-1.31	-1.29
13.79	58.29	75.92	68.40	105.84	17.25	47.47	6.42
31.46	46.22	51.64	46.81	84.85	24.17	18.08	29.70
6.48	62.89	51.94	46.40	84.60	4.27	1.82	-7.72

地　区	财务效益状况				资产营运状况		
	净资产收益率（%）	总资产报酬率（%）	主营业务利润率（%）	成本费用利润率（%）	总资产周转率（%）	流动资产周转率（%）	存货周转率（次）
河　南	-12.79	-1.63	44.93	-8.96	32.11	147.68	4.93
湖　北	-3.15	0.31	60.49	-2.24	30.80	166.46	6.74
湖　南	-12.83	-6.92	57.76	-15.67	48.03	236.88	7.71
广　东	-1.51	0.70	60.20	-0.44	31.72	86.58	6.26
广　西	-23.00	-1.92	52.76	-14.78	35.74	266.33	5.51
海　南	-5.40	-1.77	71.74	-10.34	18.14	107.73	2.47
重　庆	-7.64	-1.28	54.20	-7.95	33.47	97.71	5.40
四　川	-2.61	0.21	61.78	-4.42	24.16	169.17	4.69
贵　州	-6.24	1.15	64.92	-5.12	31.09	172.16	5.08
云　南	-4.76	-1.61	50.28	-8.12	24.62	133.06	3.19
西　藏							
陕　西	5.41	-2.10	65.76	-10.55	37.57	262.70	5.24
甘　肃	-2.73	-0.80	52.24	-4.18	25.07	124.27	3.75
青　海	-1.24	0.10	36.86	-2.08	36.14	235.05	3.74
宁　夏	-2.52	-1.28	30.70	-5.89	25.01	119.44	2.99
新　疆	-15.31	-4.81	39.72	-14.30	29.70	177.54	4.78

续表

	偿债能力状况				发展能力状况		
应收账款周转率(次)	资产负债率(%)	流动比率(%)	速动比率(%)	长期资产适合率(%)	销售增长率(%)	资本积累率(%)	总资产增长率(%)
8.47	77.31	44.59	40.75	77.58	-1.03	-24.26	-2.81
15.47	77.77	37.58	35.03	74.93	12.65	20.73	2.60
7.02	64.45	50.05	46.06	81.63	52.50	55.30	42.13
2.08	76.61	74.27	72.05	101.59	-5.37	-2.76	-11.07
18.76	103.96	20.27	17.79	48.06	3.38	-39.92	-7.36
13.71	61.10	33.38	31.47	64.54	0.03	-29.52	-14.15
15.14	62.90	78.49	74.40	97.95	6.03	-9.42	-3.20
14.42	51.61	34.58	31.40	76.14	17.18	2.00	4.70
27.89	73.35	44.62	41.65	71.62	5.23	-24.74	-15.26
16.27	53.21	50.93	46.29	86.94	2.70	-19.41	-14.27
16.20	185.39	25.54	22.96	47.94	11.14	6.38	-0.60
4.26	59.17	111.27	102.83	106.44	4.54	9.19	6.62
9.95	33.04	51.10	43.32	86.64	46.84	11.61	2.71
9.52	37.35	59.67	52.84	92.50	15.36	-3.25	3.16
8.35	64.32	27.60	24.53	49.28	9.31	23.80	-1.45

2006年度全国旅游行业经济效益

地区	财务效益状况				资产营运状况		
	净资产收益率(%)	总资产报酬率(%)	主营业务利润率(%)	成本费用利润率(%)	总资产周转率(%)	流动资产周转率(%)	存货周转率(次)
全　国	-4.77	-0.45	45.45	-4.00	35.02	150.44	5.36
北　京	-1.43	0.23	60.08	-0.38	33.71	146.18	7.06
天　津	-4.52	-1.29	49.36	-4.22	37.16	116.40	3.98
河　北	-9.69	-1.70	33.03	-7.48	32.45	151.14	5.19
山　西	-3.54	-0.41	38.70	-2.99	40.65	175.30	3.87
内蒙古	-0.54	0.67	34.25	-0.21	47.00	175.65	3.34
辽　宁	-15.54	-1.68	53.38	-9.10	26.64	155.36	5.31
吉　林	-8.49	-2.25	43.38	-10.33	21.51	136.84	4.07
黑龙江	-7.76	-3.59	30.02	-13.37	26.62	169.51	6.42
上　海	-0.64	1.20	58.29	0.48	39.05	193.24	8.93
江　苏	-8.08	-1.24	38.25	-5.91	38.34	167.96	9.00
浙　江	-5.37	0.09	46.79	-3.39	40.13	155.90	9.79
安　徽	1.38	1.29	43.28	2.45	38.79	166.57	4.61
福　建	-1.88	1.16	42.47	-0.42	41.50	134.47	7.55
江　西	-6.13	-1.75	33.97	-8.46	29.22	151.70	5.15
山　东	-6.07	-0.89	41.56	-3.99	37.88	142.39	4.48

评价主要财务指标表(三星级饭店)

	偿债能力状况				发展能力状况		
应收账款周转率(次)	资产负债率(%)	流动比率(%)	速动比率(%)	长期资产适合率(%)	销售增长率(%)	资本积累率(%)	总资产增长率(%)
8.97	64.45	49.12	44.40	77.73	0.44	-10.45	-7.36
26.08	63.16	55.12	52.57	80.85	4.55	1.02	7.00
8.63	57.84	63.56	58.09	84.20	3.93	18.00	-1.28
5.99	70.45	35.90	32.04	56.70	-14.38	-5.38	-8.04
8.76	53.76	58.79	49.03	84.84	17.96	3.20	2.69
6.39	50.84	88.83	73.39	109.12	8.15	9.88	4.52
6.42	84.62	24.55	22.31	37.42	-7.35	-33.86	-14.35
3.31	78.14	22.69	19.41	43.30	-3.37	-56.00	-22.49
5.97	48.40	42.48	38.05	77.97	12.02	0.06	7.29
15.94	60.20	42.45	40.13	75.51	-2.80	-5.53	-3.63
8.82	68.40	44.34	40.97	81.91	-12.55	-14.62	-7.27
11.21	67.15	48.61	45.66	78.38	3.89	-3.84	-3.23
9.44	50.98	62.74	54.02	90.63	8.89	-0.07	3.22
11.25	55.07	69.97	65.73	92.41	10.37	8.22	5.23
10.99	56.00	47.08	42.91	85.86	7.22	-4.65	1.13
7.42	73.39	46.91	41.35	59.76	11.49	-22.14	-5.15

地区	财务效益状况				资产营运状况		
	净资产收益率（%）	总资产报酬率（%）	主营业务利润率（%）	成本费用利润率（%）	总资产周转率（%）	流动资产周转率（%）	存货周转率（次）
河　南	-8.76	-1.90	32.96	-8.06	33.14	125.46	3.43
湖　北	-5.19	-0.97	38.76	-5.10	33.82	198.03	5.67
湖　南	-5.13	-0.67	33.98	-4.83	38.93	188.05	6.42
广　东	-0.23	1.98	51.62	0.84	38.57	110.96	7.05
广　西	-38.98	-1.36	34.15	-9.39	38.11	217.54	8.06
海　南	-12.94	-3.67	41.49	-14.33	22.98	88.29	0.71
重　庆	-10.49	-0.46	42.89	-5.07	36.21	125.63	1.48
四　川	-6.33	-1.05	46.60	-6.79	30.82	178.40	5.69
贵　州	-13.34	-1.84	48.38	-9.44	24.35	112.75	4.56
云　南	-7.33	-2.33	43.91	-12.55	21.40	150.50	3.54
西　藏							
陕　西	-9.54	-1.96	37.90	-10.06	27.42	140.41	5.25
甘　肃	-2.66	-0.87	34.84	-4.87	23.92	137.51	3.25
青　海	-0.96	-0.03	41.23	-1.73	25.54	171.74	3.44
宁　夏	0.67	0.96	39.57	0.05	46.71	423.56	6.46
新　疆	-8.02	-2.97	37.12	-7.90	37.62	191.56	5.33

续表

	偿债能力状况				发展能力状况		
应收账款周转率(次)	资产负债率(%)	流动比率(%)	速动比率(%)	长期资产适合率(%)	销售增长率(%)	资本积累率(%)	总资产增长率(%)
4.51	69.54	49.53	44.14	69.65	3.76	-25.93	-10.89
9.02	63.82	39.39	34.29	76.84	2.11	-20.07	-12.03
8.64	67.72	62.48	55.87	94.66	-6.12	2.10	-15.61
6.48	57.87	91.59	87.78	113.29	-13.56	-30.79	-27.29
10.33	88.91	27.33	24.87	51.54	4.92	-1.02	-10.53
10.04	64.13	62.56	38.58	78.84	1.63	24.35	4.24
15.23	78.15	56.45	38.18	88.13	6.87	-3.66	-2.57
11.49	61.79	42.72	38.51	90.89	9.88	-3.93	-5.17
3.04	79.51	32.97	30.69	45.49	-6.25	-12.06	-17.14
6.49	53.51	44.44	38.46	89.37	-12.29	0.38	-14.20
8.02	69.32	48.59	43.76	72.59	9.47	-44.63	-41.12
5.45	50.20	43.96	36.33	85.06	5.55	-17.25	-13.04
5.22	43.42	50.83	42.68	121.13	31.94	131.78	102.32
14.07	62.37	15.90	10.43	57.08	13.17	-4.56	-4.26
11.63	61.13	38.89	33.85	63.54	13.59	-3.19	2.63

2006 年度全国旅游行业经济效益

地区	财务效益状况				资产营运状况		
	净资产收益率（%）	总资产报酬率（%）	主营业务利润率（%）	成本费用利润率（%）	总资产周转率（%）	流动资产周转率（%）	存货周转率（次）
全 国	-4.95	-0.95	36.02	-3.89	42.20	169.04	6.87
北 京	-7.54	-0.75	51.68	-3.69	53.48	211.67	8.46
天 津	-6.05	-1.75	46.23	-5.69	35.17	175.09	6.95
河 北	-5.08	-1.85	22.66	-6.17	33.52	173.09	7.29
山 西	-5.04	-0.98	22.94	-4.02	43.80	154.70	5.04
内蒙古	-2.73	-0.79	25.42	-2.47	48.42	216.30	6.30
辽 宁	-12.44	-4.58	48.87	-17.11	22.57	136.13	3.18
吉 林	-15.13	-4.63	24.44	-10.42	41.23	179.46	3.12
黑龙江	-13.79	-5.36	34.10	-14.79	37.24	189.55	5.31
上 海	-2.30	-0.58	47.51	-2.80	34.28	147.50	5.46
江 苏	-7.31	-0.67	30.01	-3.31	49.72	165.09	9.61
浙 江	-6.20	-0.03	38.59	-2.57	58.57	226.39	11.69
安 徽	1.52	1.31	27.28	1.88	43.19	146.82	6.18
福 建	-2.89	-0.40	39.04	-1.99	46.52	136.71	12.22
江 西	-1.34	-0.35	21.66	-1.25	47.07	193.77	8.44
山 东	-11.28	-0.87	29.63	-2.72	42.97	122.41	6.90

评价主要财务指标表(二星级饭店)

	偿债能力状况				发展能力状况		
应收账款周转率(次)	资产负债率(%)	流动比率(%)	速动比率(%)	长期资产适合率(%)	销售增长率(%)	资本积累率(%)	总资产增长率(%)
6.73	60.48	53.73	48.44	79.42	2.82	-10.87	-5.39
11.22	66.18	40.09	36.55	54.76	8.86	-4.05	0.09
35.77	65.72	36.27	32.89	56.35	0.38	-29.61	-16.29
4.29	61.72	43.73	38.88	65.21	-33.42	-52.10	-36.50
5.79	60.27	61.38	52.47	81.09	-1.52	-7.10	-6.89
5.31	51.71	52.38	44.55	78.06	17.06	2.17	10.64
5.71	64.45	36.34	32.79	60.79	-22.11	-51.35	-45.63
3.84	68.52	45.11	32.18	56.69	24.15	-9.63	23.55
4.01	56.48	45.32	40.26	63.53	19.89	-7.63	3.64
8.97	49.87	54.29	47.24	87.97	-11.64	-18.25	-12.35
7.45	74.26	53.35	49.62	67.94	-13.61	-35.53	-27.93
16.93	70.04	45.30	41.61	65.17	16.09	-13.54	5.53
5.02	55.63	69.09	61.51	88.67	-6.31	-9.47	-14.12
4.56	56.06	87.70	83.50	102.12	18.52	9.45	2.28
7.60	47.67	70.62	64.61	94.76	32.48	60.38	45.43
2.50	71.71	49.45	44.84	59.88	-2.37	-4.86	-24.06

地　区	财务效益状况				资产营运状况		
	净资产收益率（%）	总资产报酬率（%）	主营业务利润率（%）	成本费用利润率（%）	总资产周转率（%）	流动资产周转率（%）	存货周转率（次）
河　南	-1.59	0.49	31.37	-0.68	50.92	169.41	8.40
湖　北	-2.94	-0.83	33.14	-3.34	40.43	221.11	7.69
湖　南	-4.64	-1.47	27.82	-3.63	50.07	193.79	5.61
广　东	-2.43	0.41	50.85	-0.30	62.26	147.68	8.54
广　西	-7.47	-2.93	34.14	-8.72	37.18	177.61	7.41
海　南	-8.16	-3.63	42.76	-11.75	28.69	249.00	4.99
重　庆	-19.30	-4.05	43.42	-11.51	35.93	158.64	7.28
四　川	-5.57	-0.50	35.39	-4.81	35.36	155.83	3.16
贵　州	-5.13	-1.90	40.98	-5.83	39.47	118.30	7.25
云　南	-2.89	-0.40	34.33	-4.67	23.45	125.48	5.52
西　藏	-0.82	-0.62	47.72	-6.65	7.00	78.95	0.00
陕　西	-3.22	-0.07	24.44	-3.27	35.49	143.43	7.12
甘　肃	-5.84	-2.10	22.00	-7.13	33.73	158.58	4.88
青　海	-9.65	-4.15	3.94	-14.97	25.47	141.06	7.77
宁　夏	-12.78	-5.02	40.64	-8.65	63.65	412.39	10.19
新　疆	-3.63	-1.06	21.79	-3.83	32.94	146.23	5.02

续表

	偿债能力状况				发展能力状况		
应收账款周转率(次)	资产负债率(%)	流动比率(%)	速动比率(%)	长期资产适合率(%)	销售增长率(%)	资本积累率(%)	总资产增长率(%)
5.91	69.77	60.83	55.34	76.62	9.74	-13.99	-4.24
6.73	50.55	47.02	41.49	87.45	6.49	-4.08	-1.50
5.21	55.43	85.73	71.84	101.74	8.30	20.97	-2.00
9.88	65.32	90.85	87.82	108.40	-3.96	-14.23	10.19
9.47	52.74	59.01	54.29	87.27	-0.43	-11.11	-6.37
12.78	52.46	26.34	21.41	68.30	-5.85	-26.24	-23.06
8.74	75.81	34.96	32.07	55.95	11.73	2.27	13.39
9.22	64.37	47.26	39.77	79.79	10.83	-19.22	-8.88
6.52	49.22	113.28	107.61	112.70	13.08	-19.02	-0.64
3.91	56.54	51.60	47.38	90.30	-21.63	-17.35	-15.73
1.89	23.55	36.37	24.19	83.64	16.95	-0.82	-3.81
4.71	60.02	61.62	56.10	87.33	9.12	-0.74	1.74
3.74	53.51	45.92	39.46	82.68	8.32	19.74	17.06
23.28	49.72	61.39	52.87	94.21	45.10	21.14	15.58
13.99	55.33	35.14	29.66	69.12	8.67	-10.66	1.89
5.19	57.13	47.04	40.72	74.13	10.20	12.45	3.95

2006年度全国旅游行业经济效益

地区	财务效益状况				资产营运状况		
	净资产收益率（%）	总资产报酬率（%）	主营业务利润率（%）	成本费用利润率（%）	总资产周转率（%）	流动资产周转率（%）	存货周转率（次）
全国	-5.75	-2.38	40.60	-6.85	39.08	161.99	6.35
北京	-3.60	-0.99	59.82	-4.43	22.54	140.38	3.95
天津	-3.57	-2.45	11.39	-2.17	109.63	368.83	14.47
河北	1.46	2.43	73.10	5.36	23.92	98.06	0.20
山西							
内蒙古							
辽宁	-8.36	0.19	91.35	-2.45	38.50	313.12	2.43
吉林	-4.66	-2.35	23.83	-4.56	36.61	129.77	19.91
黑龙江	-4.78	-2.67	31.35	-10.94	22.31	38.65	6.06
上海	-27.51	-3.03	39.57	-4.37	66.06	199.25	5.14
江苏	10.04	2.68	26.24	3.44	81.65	372.58	44.29
浙江	2.78	3.10	41.89	3.30	59.63	205.88	13.31
安徽	35.27	17.36	53.28	36.86	60.87	235.54	3.31
福建	1.28	3.74	24.11	1.71	153.78	388.59	4.07
江西	-3.31	1.85	14.10	-2.51	33.52	120.22	7.92
山东	-26.04	-10.64	13.16	-18.85	39.94	232.59	7.83

评价主要财务指标表(一星级饭店)

	偿债能力状况				发展能力状况		
应收账款周转率(次)	资产负债率(%)	流动比率(%)	速动比率(%)	长期资产适合率(%)	销售增长率(%)	资本积累率(%)	总资产增长率(%)
6.08	57.02	68.45	61.93	90.77	9.89	1.01	1.42
8.68	68.72	62.15	57.02	90.83	9.41	5.69	0.68
21.14	28.11	119.71	102.08	107.75	17.93	8.66	-0.11
3.08	38.59	98.67	52.65	99.99	20.24	29.37	15.06
-101.55	46.87	25.17	23.25	60.37	-47.51	119.57	-46.23
3.30	54.20	83.22	77.53	138.04	14.39	-4.56	22.00
0.91	41.03	135.35	129.60	133.07	107.36	36.65	36.90
4.87	91.99	42.86	39.97	37.06	-19.38	-60.35	-26.22
465.70	76.36	35.54	34.47	41.43	14.06	-0.23	-1.76
9.37	59.18	59.47	55.83	81.97	31.35	9.15	27.02
15.41	61.35	72.64	56.49	102.10	51.00	-43.13	-22.60
	48.84	86.75	65.29	116.64	18.97	51.68	33.89
3.69	42.93	56.97	47.25	76.66	-28.92	0.88	-8.73
6.12	63.01	32.08	29.29	48.76	24.02	0.93	31.66

地　区	财务效益状况				资产营运状况		
	净资产收益率（%）	总资产报酬率（%）	主营业务利润率（%）	成本费用利润率（%）	总资产周转率（%）	流动资产周转率（%）	存货周转率（次）
河　南	-6.79	-0.59	45.75	-5.61	42.42	447.27	15.97
湖　北	1.71	1.27	24.97	3.58	34.85	241.04	8.62
湖　南							
广　东	-9.42	-1.80	37.50	-1.60	116.01	517.82	45.81
广　西	0.30	0.30	58.21	0.33	44.43	487.68	4.68
海　南	-13.89	-5.81	80.04	-23.26	21.42	101.44	2.08
重　庆	-15.58	-3.69	46.97	-34.94	9.63	16.56	5.26
四　川	-2.38	-0.40	36.86	-4.33	20.25	71.55	2.25
贵　州	-6.28	-4.14	60.89	-8.88	39.44	170.34	2.19
云　南	-7.67	-10.81	13.82	-12.79	75.49	239.98	13.01
西　藏							
陕　西							
甘　肃	-0.88	-0.07	18.84	-0.79	50.17	248.90	3.74
青　海	-5.13	-1.21	28.52	-8.04	29.15	199.31	5.99
宁　夏	-2.41	-1.45	46.25	-6.05	27.32	96.20	1.46
新　疆	2.46	1.05	15.98	2.17	46.19	237.08	14.89

续表

应收账款周转率(次)	偿债能力状况				发展能力状况		
	资产负债率(%)	流动比率(%)	速动比率(%)	长期资产适合率(%)	销售增长率(%)	资本积累率(%)	总资产增长率(%)
8.42	60.78	40.89	36.36	88.90	36.31	-5.94	-3.99
5.80	41.58	63.64	56.25	97.86	62.45	-8.06	3.40
11.01	59.84	30.25	28.86	68.84	61.41	2406.61	146.48
46.46	51.02	21.16	16.53	60.96	4.15	-1.14	2.69
7.60	55.23	127.73	118.92	106.69	-3.08	-13.64	-5.93
0.53	81.89	85.23	84.70	88.31	-38.93	-28.40	82.22
8.59	36.27	78.12	71.17	100.55	-38.65	-10.85	-42.68
41.29	33.79	84.63	71.75	94.30	14.22	-3.97	-4.67
5.28	61.98	70.13	62.02	87.23	-7.90	-1.04	-18.82
25.23	30.33	83.81	43.29	111.93	59.93	99.87	103.96
5.41	60.82	31.43	29.12	71.48	49.71	-8.31	77.78
4.95	30.28	101.35	69.92	102.27	-3.79	0.17	10.11
9.44	53.01	44.57	40.75	77.33	86.76	47.56	17.80

2006 年度全国旅游行业经济效益

地区	财务效益状况				资产营运状况		
	净资产收益率(%)	总资产报酬率(%)	主营业务利润率(%)	成本费用利润率(%)	总资产周转率(%)	流动资产周转率(%)	存货周转率(次)
全　国	-7.52	-1.38	56.26	-6.31	35.88	176.40	4.51
北　京	0.20	1.25	83.53	0.55	43.13	129.47	2.80
天　津	-5.94	-3.77	56.98	-13.09	30.30	239.90	7.42
河　北	-1.77	-1.47	93.10	-25.31	4.35	50.69	0.32
山　西	-10.97	-4.94	43.19	-5.38	82.47	297.67	8.84
内蒙古	16.34	7.91	48.58	23.06	36.06	88.51	2.60
辽　宁	-6.54	-2.03	52.51	-10.07	19.73	174.55	4.55
吉　林							
黑龙江	-5.87	-3.81	34.83	-13.54	22.76	144.60	7.94
上　海	2.83	3.92	66.98	4.80	44.75	253.51	7.09
江　苏	-7.77	-2.35	40.88	-9.13	28.94	155.88	2.29
浙　江	-14.20	-3.27	52.67	-12.51	27.85	151.70	6.03
安　徽	-17.42	0.24	43.09	-3.98	76.70	206.29	9.64
福　建	-1.83	0.84	63.81	-0.26	55.52	194.48	7.73
江　西	2.00	-12.13	7.51	-9.42	112.25	173.82	0.84
山　东	-7.33	-2.01	36.03	-4.87	54.94	255.85	5.53

评价主要财务指标表(未评星级饭店)

	偿债能力状况				发展能力状况		
应收账款周转率(次)	资产负债率(%)	流动比率(%)	速动比率(%)	长期资产适合率(%)	销售增长率(%)	资本积累率(%)	总资产增长率(%)
12.43	66.20	44.71	40.18	78.73	21.23	-8.91	-2.85
27.85	55.08	61.61	58.98	76.22	27.00	28.65	23.38
9.89	26.12	55.15	50.21	86.58	7.81	-5.77	-0.75
9.37	22.21	47.49	45.22	86.96	-79.80	-59.12	-55.09
7.90	49.95	51.71	43.56	76.66	13.20	30.31	3.63
1.20	50.95	79.11	67.71	85.41	-16.43	8.26	-12.02
11.22	69.75	19.32	17.60	51.92	27.41	-18.78	9.04
4.25	35.22	55.23	54.26	83.86	3.38	-0.31	1.44
15.94	64.44	40.18	37.93	73.01	25.93	-2.68	-3.24
6.31	65.92	38.62	35.48	72.50	18.69	-43.51	-23.24
13.40	73.89	26.81	23.57	46.02	4.93	-35.54	-21.55
19.86	78.02	57.58	54.71	47.32	60.18	29.97	42.06
21.70	64.23	51.65	47.38	99.55	45.41	27.27	26.92
17.49	113.18	56.03	55.79	-42.93	149.23	0.00	-14.68
15.04	56.40	43.10	34.81	77.22	41.86	39.03	15.72

地区	财务效益状况				资产营运状况		
	净资产收益率（%）	总资产报酬率（%）	主营业务利润率（%）	成本费用利润率（%）	总资产周转率（%）	流动资产周转率（%）	存货周转率（次）
河南	-5.01	-2.80	59.00	-7.74	33.85	159.75	2.55
湖北	-4.35	0.34	64.60	-3.55	30.30	270.11	3.41
湖南	-13.37	-5.08	32.85	-12.44	36.85	115.93	7.99
广东	-21.02	-5.11	57.47	-14.61	39.13	185.36	5.18
广西	-4.72	-1.27	38.43	-7.44	26.81	148.14	6.02
海南	-7.92	-2.31	69.68	-13.94	18.75	66.73	3.80
重庆	-7.35	-3.10	39.50	-7.27	46.28	187.32	7.42
四川	-1.37	0.26	50.76	-2.30	26.27	146.48	3.07
贵州	-6.88	-1.10	38.01	-3.69	40.71	83.69	0.60
云南	-17.14	-2.58	63.60	-15.70	16.28	100.63	2.19
西藏	0.03	0.43	41.03	0.21	8.26	73.76	0.76
陕西	-0.05	3.12	50.07	0.61	96.62	275.42	7.87
甘肃	-0.72	-0.36	34.22	-1.44	29.08	163.21	3.54
青海	-4.21	1.07	75.73	-0.89	41.72	199.88	1.65
宁夏	-4.06	5.62	55.00	-2.40	35.21	174.75	10.24
新疆	-6.05	-2.98	40.92	-16.37	18.07	112.02	6.33

续表

	偿债能力状况				发展能力状况		
应收账款周转率(次)	资产负债率(%)	流动比率(%)	速动比率(%)	长期资产适合率(%)	销售增长率(%)	资本积累率(%)	总资产增长率(%)
7.69	43.65	51.24	41.67	81.03	13.77	-6.32	-5.06
24.29	68.49	32.04	28.84	78.79	85.72	33.65	26.98
6.72	53.62	62.73	58.84	92.88	67.38	109.06	84.60
24.48	78.11	66.40	59.59	107.50	13.44	-20.31	-6.21
7.11	47.93	57.19	54.65	87.43	6.81	60.41	38.55
7.02	59.73	45.61	43.92	79.63	37.65	15.49	6.14
16.94	49.99	80.80	74.09	105.83	8.88	0.03	2.23
5.78	43.55	57.32	48.36	97.90	26.70	16.66	-10.03
7.42	80.22	77.19	40.03	74.77	34.80	30.37	95.86
12.72	78.30	22.53	18.36	66.83	-11.03	-0.32	-31.74
2.06	42.92	27.62	26.34	97.77	0.00	-31.45	-38.10
50.80	48.02	109.03	93.25	105.27	7.00	-2.23	-1.12
2.73	41.61	104.27	85.05	105.36	13.07	-31.04	-16.99
53.13	94.73	19.12	14.22	33.86		-4.13	
2.01	86.83	142.98	132.42	118.91	-2.55	0.00	-12.80
9.35	39.76	45.39	39.91	85.20	43.41	31.65	18.78

2006 年度全国旅游行业经济效益

地区	财务效益状况				资产营运状况		
	净资产收益率(%)	总资产报酬率(%)	主营业务利润率(%)	成本费用利润率(%)	总资产周转率(%)	流动资产周转率(%)	存货周转率(次)
全国	5.76	5.29	34.74	9.58	52.40	154.93	10.28
北京	6.27	5.45	30.33	6.28	88.67	268.11	10.14
天津	-4.07	-2.14	63.22	-34.60	4.52	13.16	2.21
河北	-1.64	-0.69	-154.38	-71.52	0.37	1.24	1.26
山西							
内蒙古	-0.13	0.82	32.22	0.31	42.70	199.22	8.06
辽宁	15.58	16.35	35.91	8.88	200.41	1219.41	0.00
吉林	-3.10	-2.94	24.04	-5.46	50.65	755.82	22.44
黑龙江	-22.91	-3.58	23.28	-17.77	19.27	83.87	1.71
上海	4.90	5.16	40.92	13.02	37.36	102.39	13.42
江苏							
浙江	1.28	1.05	73.81	10.11	10.43	81.22	11.39
安徽	14.21	9.94	32.23	23.66	46.17	99.37	4.91
福建	9.28	7.20	29.62	5.32	88.35	168.39	59.01
江西	-2.31	-1.33	67.58	-4.97	24.61	82.94	11.28
山东	37.85	23.23	78.72	336.59	29.94	78.32	0.59

评价主要财务指标表（旅游集团）

	偿债能力状况				发展能力状况		
应收账款周转率（次）	资产负债率（%）	流动比率（%）	速动比率（%）	长期资产适合率（%）	销售增长率（%）	资本积累率（%）	总资产增长率（%）
20.37	48.42	92.31	84.89	91.73	1.91	5.59	9.75
41.58	61.08	63.72	52.17	69.10	16.06	7.48	8.89
126.86	40.25	7.21	6.14	62.09	35.60	-3.99	-3.85
0.01	38.03	45.58	28.97	74.97	-97.86	-91.46	-92.23
6.94	44.53	70.78	63.11	119.39	23.74	32.63	32.50
23.04	39.04	37.31	37.31	71.49	1203.62	0.00	1286.97
699.19	9.19	590.51	479.88	111.57	0.00	-3.05	5.85
5.24	81.87	36.07	25.83	48.34	3.65	-15.91	-4.94
20.71	37.01	145.83	140.64	104.03	-7.08	12.16	19.13
34.60	37.20	42.90	42.48	92.33	-1.22	2.01	14.90
6.32	57.53	97.76	88.23	107.49	14.59	17.78	17.74
30.81	64.73	119.50	117.46	209.12	25.00	3.14	18.85
2.35	41.54	83.84	81.94	137.16	-16.96	-3.08	-3.44
1.62	53.22	56.92	52.51	91.01	-81.03	-79.36	-72.61

地　区	财务效益状况				资产营运状况		
	净资产收益率（%）	总资产报酬率（%）	主营业务利润率（%）	成本费用利润率（%）	总资产周转率（%）	流动资产周转率（%）	存货周转率（次）
河　南	1.09	2.22	32.47	2.12	55.14	206.24	13.92
湖　北	7.23	6.26	43.52	14.75	48.56	307.72	30.52
湖　南							
广　东	8.86	6.05	47.17	28.26	27.60	533.89	7.21
广　西	0.65	3.82	37.32	5.18	14.21	80.10	54.41
海　南							
重　庆	-14.43	-2.09	16.53	-4.21	79.88	205.66	111.63
四　川	-15.04	-1.40	80.10	-9.71	12.68	47.82	0.15
贵　州							
云　南	8.54	6.94	43.39	15.62	46.20	93.87	136.76
西　藏							
陕　西	-4.86	-0.35	0.45	-31.63	2.58	7.68	0.25
甘　肃							
青　海	7.35	5.43		181.87			
宁　夏							
新　疆							

续表

	偿债能力状况				发展能力状况		
应收账款周转率(次)	资产负债率(%)	流动比率(%)	速动比率(%)	长期资产适合率(%)	销售增长率(%)	资本积累率(%)	总资产增长率(%)
12.46	60.16	65.86	60.30	90.99	9.20	-0.20	0.32
28.64	42.76	121.46	116.01	104.15	4.35	11.82	-6.73
12.92	32.56	57.66	49.57	96.45	24.83	-4.92	-2.59
6.55	56.74	40.29	39.95	97.32	5.99	3.11	1.39
14.71	67.53	64.61	63.63	96.83	21.52	32.41	-5.11
	94.66	26.04	11.56	7.09		-4.68	479.63
42.00	45.79	159.58	159.09	182.75	60.88	870.05	515.82
1.36	92.52	56.09	52.93	27.69	-94.46	-96.50	-85.48
	61.90	144.35	144.35	150.95		2.03	12.26

2006年度全国旅游行业经济效益

地区	财务效益状况				资产营运状况		
	净资产收益率（%）	总资产报酬率（%）	主营业务利润率（%）	成本费用利润率（%）	总资产周转率（%）	流动资产周转率（%）	存货周转率（次）
全国	1.28	2.40	42.41	5.83	20.82	93.26	3.80
北京	16.28	-4.49	72.27	-16.33	26.07	161.50	1.74
天津	-1.86	-0.92	69.85	-8.96	10.93	73.15	29.45
河北	-5.95	-0.80	41.07	-10.07	19.60	96.56	7.66
山西	0.58	2.42	50.70	10.40	18.81	114.34	8.64
内蒙古	0.16	1.10	33.98	3.59	12.80	91.76	6.34
辽宁	-6.16	-3.25	-0.47	-27.60	12.32	46.65	15.56
吉林	-1.66	-0.08	35.85	-12.29	6.00	70.75	11.44
黑龙江	-1.95	-1.34	54.34	-8.92	15.28	113.20	2.21
上海	6.22	4.40	41.39	14.84	22.88	189.93	3.87
江苏	3.14	3.45	38.54	8.49	25.86	95.34	4.68
浙江	-1.76	5.65	59.21	-3.53	13.00	43.42	10.24
安徽	0.73	2.74	43.41	3.25	35.22	157.39	8.81
福建	3.21	3.71	70.03	11.47	26.75	86.74	0.52
江西	10.22	8.02	57.82	17.65	49.57	292.24	55.63
山东	0.12	0.93	36.22	4.86	11.71	75.43	2.91

评价主要财务指标表(旅游景区)

	偿债能力状况				发展能力状况		
应收账款周转率(次)	资产负债率(%)	流动比率(%)	速动比率(%)	长期资产适合率(%)	销售增长率(%)	资本积累率(%)	总资产增长率(%)
4.85	45.57	76.21	69.01	119.14	20.09	9.23	11.24
13.70	106.26	15.70	12.64	3.05	-2.60	27.91	-1.12
1.71	45.77	24.54	24.28	63.59	133.86	46.96	85.73
1.89	62.20	45.75	44.19	86.60	14.44	-23.08	-12.28
3.06	46.09	36.98	35.21	94.72	47.26	12.53	23.34
5.27	19.56	90.43	86.00	190.79	61.04	78.37	84.34
1.12	44.04	89.03	88.22	135.37	4.84	-8.62	3.15
2.22	41.27	65.14	61.86	129.33	21.91	-39.88	-43.31
9.17	20.45	71.33	56.41	119.82	11.14	13.76	16.48
33.57	54.41	44.97	37.63	86.07	3.69	5.64	2.62
8.52	48.38	74.22	66.53	97.87	37.49	57.08	51.98
24.60	60.35	77.74	77.02	122.26	23.55	44.92	25.32
9.54	42.47	90.20	87.39	124.92	31.61	12.29	23.34
11.82	37.89	101.03	66.48	137.73	52.58	28.18	30.50
5.89	32.21	62.61	61.59	110.64	59.03	27.43	41.88
4.01	25.47	160.69	138.64	352.91	9.14	-0.85	-1.61

地区	财务效益状况				资产营运状况		
	净资产收益率（%）	总资产报酬率（%）	主营业务利润率（%）	成本费用利润率（%）	总资产周转率（%）	流动资产周转率（%）	存货周转率（次）
河南	2.68	4.18	38.72	10.28	25.09	128.22	7.99
湖北	1.09	1.62	33.95	6.56	23.53	93.84	10.50
湖南	0.64	1.00	50.36	3.51	15.98	109.09	6.09
广东	6.57	4.09	46.98	13.89	28.87	122.10	6.71
广西	7.46	5.36	55.17	17.61	24.52	122.39	2.39
海南	1.88	2.20	70.10	24.23	10.75	44.17	0.24
重庆	-1.33	0.16	34.94	-2.71	19.13	116.83	7.51
四川	-4.98	-1.10	20.03	-9.96	19.68	88.62	12.73
贵州	0.74	1.23	29.53	3.60	33.94	78.88	12.10
云南	3.61	4.03	49.25	16.59	22.31	68.40	0.89
西藏							
陕西	2.65	1.76	55.45	3.29	51.87	206.10	9.20
甘肃	1.52	2.12	19.77	5.29	23.29	116.29	19.63
青海	15.61	9.98	28.55	34.33	38.58	350.75	28.89
宁夏	9.27	7.32	55.09	18.82	37.78	443.55	4.29
新疆	2.02	2.14	26.23	6.89	21.53	110.97	24.24

续表

	偿债能力状况				发展能力状况		
应收账款周转率(次)	资产负债率(%)	流动比率(%)	速动比率(%)	长期资产适合率(%)	销售增长率(%)	资本积累率(%)	总资产增长率(%)
8.15	43.74	90.95	85.96	108.35	34.75	43.25	29.92
2.25	33.45	99.02	94.10	107.00	22.85	6.68	14.92
6.29	37.33	60.84	57.36	120.82	37.05	8.35	-1.04
9.13	55.17	61.04	58.53	94.46	21.70	10.02	2.89
7.85	56.47	99.80	85.61	124.30	24.78	-22.85	-3.21
6.32	19.01	62.87	59.79	246.38	-55.32	-55.25	-54.39
12.66	58.78	35.96	32.24	84.93	60.55	7.42	17.85
2.04	51.72	78.88	73.81	111.48	19.95	0.98	9.23
3.37	32.75	124.95	119.35	127.73	-24.72	154.40	-1.43
8.28	38.73	163.21	106.51	139.19	25.46	28.22	32.02
7.58	31.14	125.40	116.93	112.22	15.25	9.99	-11.90
2.31	31.20	84.55	82.22	95.66	60.24	69.09	56.47
8.37	33.64	41.42	40.39	79.19	52.89	54.66	41.16
25.68	40.43	31.34	28.61	86.23	14.08	11.35	-0.36
5.40	33.56	67.31	65.67	116.26	13.40	46.42	30.44

2006 年度全国旅游行业经济效益

地　区	财务效益状况				资产营运状况		
	净资产收益率（%）	总资产报酬率（%）	主营业务利润率（%）	成本费用利润率（%）	总资产周转率（%）	流动资产周转率（%）	存货周转率（次）
全　国	0.40	2.19	42.16	3.51	19.56	97.16	3.58
北　京	0.52	0.77	63.36	-30.70	14.41	266.22	2.91
天　津	3.08	3.29	29.83	7.78	29.04	153.20	77.34
河　北	-3.60	-1.12	52.44	-9.53	16.56	105.91	3.98
山　西	-2.54	-1.22	39.05	-14.24	8.63	56.43	6.24
内蒙古	0.32	1.31	36.02	4.89	12.86	89.07	6.32
辽　宁	-0.50	0.14	41.87	-0.76	13.81	82.63	4.61
吉　林	-1.88	-1.14	59.31	-17.47	5.23	45.76	3.59
黑龙江	-1.33	-0.65	44.88	-5.40	14.07	94.79	2.68
上　海	-3.88	-0.25	49.25	-6.00	22.52	407.08	18.08
江　苏	4.03	4.82	27.77	5.90	38.00	130.64	3.98
浙　江	-0.78	8.20	57.64	-0.52	12.06	52.55	11.22
安　徽	1.24	3.42	48.88	3.38	41.95	174.68	12.51
福　建	1.77	2.71	68.49	7.15	25.29	80.69	0.49
江　西	6.83	5.81	48.38	12.23	44.03	294.42	55.63
山　东	-0.83	-0.33	27.65	-5.51	7.47	67.08	2.16

评价主要财务指标表（自然类旅游景区）

	偿债能力状况				发展能力状况		
应收账款周转率（次）	资产负债率（%）	流动比率（%）	速动比率（%）	长期资产适合率（%）	销售增长率（%）	资本积累率（%）	总资产增长率（%）
4.63	43.90	66.58	60.66	124.56	21.22	3.17	8.31
17.42	99.34	5.62	4.08	0.70	-3.90	-9.52	5.94
16.42	28.02	228.45	226.68	127.16	43.99	68.21	46.21
2.75	49.02	43.99	42.44	101.54	8.68	0.35	6.47
5.46	43.36	30.38	29.38	93.48	40.15	10.72	26.09
5.07	20.49	87.88	83.81	210.12	57.42	68.88	75.79
2.00	18.71	115.74	114.47	191.28	-14.94	-17.03	-22.40
1.39	32.68	63.95	60.55	103.83	27.69	-38.08	-35.47
7.20	31.60	45.45	40.74	80.53	11.40	9.93	16.19
13.14	60.97	33.24	30.45	103.41	20.02	3.98	-3.46
6.09	58.26	75.93	58.61	100.52	98.87	42.49	95.13
22.76	60.68	57.70	57.09	97.04	23.31	14.23	18.39
13.20	43.15	105.39	101.64	139.29	27.36	9.57	28.23
11.49	39.39	98.66	61.03	141.64	58.68	33.90	31.31
7.15	31.61	55.38	54.14	112.51	35.90	13.02	25.74
3.55	21.42	161.62	130.85	417.80	9.58	-0.12	2.26

地　区	财务效益状况				资产营运状况		
	净资产收益率（%）	总资产报酬率（%）	主营业务利润率（%）	成本费用利润率（%）	总资产周转率（%）	流动资产周转率（%）	存货周转率（次）
河　南	2.62	4.68	39.91	9.94	27.75	172.25	13.82
湖　北	0.97	1.55	34.30	6.33	22.85	103.83	9.98
湖　南	-0.38	0.22	62.05	-0.24	13.67	84.57	4.01
广　东	2.41	2.16	47.14	6.27	20.60	81.00	2.65
广　西	11.12	7.58	65.86	22.77	28.89	157.35	7.38
海　南	2.37	2.64	78.48	33.51	10.14	40.09	0.15
重　庆	0.08	0.92	39.40	0.55	22.33	132.06	4.41
四　川	-7.06	-2.05	14.18	-13.06	20.91	98.86	13.36
贵　州	0.78	0.96	29.22	4.21	21.41	43.78	7.61
云　南	5.09	6.29	64.51	25.60	25.12	105.53	5.55
西　藏							
陕　西	8.61	4.09	60.80	10.82	46.16	164.38	121.12
甘　肃	3.37	3.67	18.67	7.70	32.72	139.77	18.46
青　海	17.92	11.00	42.85	61.62	28.32	259.02	0.23
宁　夏	8.66	7.62	50.39	16.91	41.90	448.98	4.28
新　疆	-1.08	0.25	20.04	-0.80	31.23	104.08	32.16

续表

	偿债能力状况				发展能力状况		
应收账款周转率（次）	资产负债率（%）	流动比率（%）	速动比率（%）	长期资产适合率（%）	销售增长率（%）	资本积累率（%）	总资产增长率（%）
8.21	51.58	58.70	55.83	95.52	36.21	7.88	16.15
1.95	30.97	100.15	95.53	107.80	13.82	8.25	16.17
6.28	37.53	71.37	67.61	108.95	29.92	8.99	-2.06
4.34	61.13	47.02	44.63	72.85	20.98	14.42	-0.88
8.80	56.89	90.53	86.44	126.66	23.88	0.58	29.00
6.10	15.54	57.51	53.36	290.46	-59.57	-61.44	-62.00
23.35	51.52	50.68	42.58	96.00	44.61	8.68	14.99
2.26	52.36	67.77	62.23	108.36	26.71	2.92	12.84
1.68	35.15	109.51	105.98	125.39	-40.43	224.15	-6.93
6.72	37.16	82.30	78.70	117.05	27.12	19.26	12.36
4.69	59.21	77.71	77.52	94.97	-5.85	-30.01	-21.11
3.26	29.44	96.02	93.27	91.31	65.79	168.83	104.53
6.67	35.41	39.08	38.00	77.29	63.02	64.52	44.57
22.11	37.19	36.74	32.97	93.59	12.16	7.42	-6.19
4.86	30.20	107.02	104.91	153.90	16.72	107.53	65.60

2006 年度全国旅游行业经济效益

地区	财务效益状况				资产营运状况		
	净资产收益率(%)	总资产报酬率(%)	主营业务利润率(%)	成本费用利润率(%)	总资产周转率(%)	流动资产周转率(%)	存货周转率(次)
全　国	1.50	2.48	34.01	6.45	20.42	59.49	17.57
北　京	0.21	0.05	59.77	0.09	54.61	62.44	0.61
天　津			100.00		222.95	1429.31	0.00
河　北	-19.52	-6.83	4.24	-32.55	15.09	35.64	56.41
山　西	7.22	9.48	55.49	25.61	39.67	191.62	10.39
内蒙古	-1.64	-1.48	-20.46	-14.98	7.92	219.42	5.96
辽　宁	0.98	1.04	27.62	8.03	13.84	56.29	
吉　林		4.46	-2.45		13.55	814.02	
黑龙江	2.38	2.34	71.38	34.43	8.92	105.26	47.61
上　海							
江　苏	1.21	1.71	24.63	3.59	32.22	119.20	17.50
浙　江	-0.32	2.73	61.32	-2.76	9.37	14.83	29.29
安　徽	5.09	5.60	32.03	21.40	29.31	108.71	2.35
福　建	0.30	0.29	53.01	1.10	24.85	100.37	27.29
江　西	59.25	45.81	100.00		85.19	229.64	
山　东	15.91	10.78	64.45	30.56	34.53	62.41	15.93

评价主要财务指标表(文物类旅游景区)

	偿债能力状况				发展能力状况		
应收账款周转率(次)	资产负债率(%)	流动比率(%)	速动比率(%)	长期资产适合率(%)	销售增长率(%)	资本积累率(%)	总资产增长率(%)
2.43	40.13	145.02	143.80	143.99	33.49	35.37	25.14
2.92	74.18	120.01	74.49	321.34	-38.46	0.21	-39.91
	100.00	38.84	38.84	75.47	16.67		-4.79
0.39	66.80	63.05	62.74	63.30	28.39	-35.86	-22.53
2.55	49.34	63.60	59.60	108.34	51.47	15.24	20.31
6.82	5.03	80.80	56.02	100.50	88.01	254.99	239.71
6.30	31.11	79.54	79.52	99.90	52.80	-3.32	-8.50
	71.45	71.20	71.20	398.53	14.07	2.99	-7.29
139.49	0.81			107.71	31.60	95.67	91.37
9.61	26.71	114.60	112.54	137.05	6.23	-12.78	-17.33
25.37	48.93	187.23	187.09	698.99	2.01	320.99	86.07
3.00	32.63	223.03	218.71	158.94	76.48	26.85	19.30
6.83	13.07	197.66	195.65	140.18	20.54	-3.08	-1.37
2.60	22.68	163.58	163.58	122.92			
4.55	63.77	196.88	195.64	159.71	4.10	9.94	-11.79

地　区	财务效益状况				资产营运状况		
	净资产收益率（%）	总资产报酬率（%）	主营业务利润率（%）	成本费用利润率（%）	总资产周转率（%）	流动资产周转率（%）	存货周转率（次）
河　南	0.95	1.16	20.95	6.09	15.38	48.39	34.79
湖　北	0.63	0.68	72.22	1.79	26.48	141.51	5.79
湖　南	0.74	1.99	12.67	2.65	22.96	342.51	14.90
广　东	0.68	0.79	-0.73	0.77	85.01	349.17	461.56
广　西	0.39	0.25	8.19	3.10	8.12	26.53	16.73
海　南	-6.05	-3.84	-53.57	-47.21	4.36	16.24	1.57
重　庆	-0.04	0.70	42.51	-0.10	20.34	94.15	18.12
四　川	2.44	2.67	57.36	9.77	12.77	53.14	3.76
贵　州							
云　南	2.27	1.73	8.12	3.61	46.13	204.60	68.64
西　藏							
陕　西	0.45	0.41	17.13	1.22	33.74	210.39	211.37
甘　肃	-0.61	0.20	2.36	-3.93	11.86	68.07	362.43
青　海							
宁　夏	22.67	15.84	76.89	18.15	96.42	356.54	5.16
新　疆	10.13	8.22	82.50	99.22	6.90	126.47	2.33

续表

	偿债能力状况				发展能力状况		
应收账款周转率(次)	资产负债率(%)	流动比率(%)	速动比率(%)	长期资产适合率(%)	销售增长率(%)	资本积累率(%)	总资产增长率(%)
6.71	16.89	415.72	412.53	140.77	22.48	157.98	117.11
6.13	30.26	103.42	97.25	104.22	37.55	2.62	-16.98
5.27	36.04	22.01	19.48	375.64	28.27	5.60	4.82
26.46	10.03	303.67	302.00	125.61	253.91	10.45	12.07
55.48	33.38	64.27	63.94	95.92	84.42	10.13	1.94
0.85	36.57	109.54	108.69	203.97	0.00	0.00	0.00
35.85	37.52	130.86	128.89	108.01	37.71	5.18	9.80
1.66	50.29	168.52	166.80	129.95	-11.37	-4.64	-1.38
12.01	23.52	165.37	163.67	123.92	2.54	32.39	11.16
8.44	8.87	421.46	418.99	120.41	88.84	19.27	15.00
0.99	21.01	89.94	89.93	120.01	65.20	12.49	9.42
378.65	27.29	129.60	127.71	104.00	20.84	68.45	31.15
17.28	29.84	23.77	22.47	95.63	1.15	-6.77	-4.77

2006年度全国旅游行业经济效益

地区	财务效益状况				资产营运状况		
	净资产收益率(%)	总资产报酬率(%)	主营业务利润率(%)	成本费用利润率(%)	总资产周转率(%)	流动资产周转率(%)	存货周转率(次)
全国	3.45	2.81	45.86	9.89	23.66	107.45	3.20
北京	6.59	-1.02	82.83	-3.59	60.99	166.99	3.32
天津	-2.87	-1.66	95.47	-17.50	7.51	52.69	0.12
河北	-2.06	1.69	47.15	-2.28	22.63	165.67	4.18
山西	1.36	0.53	47.08	12.30	6.15	214.20	0.00
内蒙古							
辽宁	-13.82	-5.98	-39.98	-51.75	11.15	33.49	40.63
吉林	-0.61	-0.15	98.56	-70.47	0.06	8.19	0.00
黑龙江	-3.40	-2.68	58.74	-13.91	17.60	130.98	1.92
上海	8.19	5.54	39.51	20.83	22.97	168.46	3.22
江苏	3.13	2.78	66.50	16.54	15.00	58.53	12.65
浙江	-12.71	-1.11	61.67	-10.42	21.51	129.97	6.14
安徽	-6.64	-2.55	-9.26	-17.41	12.53	107.75	56.35
福建	21.12	18.60	88.18	62.74	45.94	152.79	0.33
江西	11.95	3.70	98.69	2.24	169.05	381.53	0.00
山东	9.34	6.25	22.66	10.88	50.69	220.37	11.66

评价主要财务指标表（主题类旅游景区）

	偿债能力状况				发展能力状况		
应收账款周转率（次）	资产负债率（%）	流动比率（%）	速动比率（%）	长期资产适合率（%）	销售增长率（%）	资本积累率（%）	总资产增长率（%）
8.59	51.43	72.29	61.08	100.04	14.10	13.68	12.20
42.69	140.72	40.81	38.35	10.17	14.28	6.24	-12.59
1.04	48.49	16.67	16.47	56.10	332.03	43.03	94.10
17.92	66.70	36.29	33.96	88.29	13.09	-29.74	-15.15
18.90	59.02	4.42	3.53	43.29	12.88	24.15	11.20
0.76	58.75	84.79	84.02	113.18	25.56	1.68	27.05
0.19	19.59	0.00	0.00	127.11	-49.26	-92.56	-97.79
9.97	16.12	109.33	73.67	185.67	9.18	2.58	5.64
53.42	52.87	46.08	38.31	81.88	0.43	5.97	4.15
31.49	43.60	68.97	68.34	89.94	-6.07	108.53	45.36
29.62	77.92	41.93	40.30	75.80	40.61	3.86	-2.25
22.82	48.38	27.87	27.45	64.03	26.57	10.60	8.24
25.38	38.70	96.96	83.49	102.44	35.04	11.51	55.31
4.76	77.54	37.12	37.12	31.54	200.35	12.71	170.35
5.12	38.92	73.51	61.80	99.86	15.47	-30.42	-44.46

地　区	财务效益状况				资产营运状况		
	净资产收益率（%）	总资产报酬率（%）	主营业务利润率（%）	成本费用利润率（%）	总资产周转率（%）	流动资产周转率（%）	存货周转率（次）
河　南	8.29	6.49	47.39	14.38	28.82	188.82	1.28
湖　北	1.56	1.99	26.18	7.93	24.97	71.43	12.10
湖　南							
广　东	11.46	7.00	54.13	23.21	36.70	173.81	16.71
广　西	-0.12	0.61	11.23	-0.38	15.66	67.83	1.19
海　南	-2.18	-0.59	31.20	-2.97	22.92	231.84	23.31
重　庆	-5.16	-0.90	23.75	-8.74	14.96	106.51	19.17
四　川	0.22	0.53	29.66	1.72	23.64	76.34	10.59
贵　州	3.30	3.22	32.74	5.52	64.10	289.77	18.95
云　南	1.08	1.09	26.04	4.45	16.59	36.37	0.52
西　藏							
陕　西	4.58	1.19	81.24	1.02	104.83	247.66	1.48
甘　肃	-0.43	-0.05	65.11	-1.62	9.59	74.73	1.88
青　海							
宁　夏	7.65	3.98	89.06	98.93	6.94	1039.99	0.00
新　疆	-11.91	-4.54	20.03	-25.47	13.30	257.85	17.86

续表

	偿债能力状况				发展能力状况		
应收账款周转率(次)	资产负债率(%)	流动比率(%)	速动比率(%)	长期资产适合率(%)	销售增长率(%)	资本积累率(%)	总资产增长率(%)
9.32	63.50	46.17	32.80	104.39	39.72	16.64	0.67
3.17	40.98	95.68	90.09	105.17	52.41	2.38	17.71
38.62	50.22	92.03	89.18	124.34	11.11	5.73	7.77
5.24	57.62	130.59	86.24	118.43	27.07	-61.74	-51.98
58.82	27.04	34.50	33.32	109.97	-1.54	-8.15	-12.78
6.05	73.56	17.76	16.89	60.66	123.12	6.49	24.16
1.17	46.75	90.86	86.90	101.74	12.54	-6.43	-4.39
	24.90	267.40	242.92	133.92	-1.94	70.78	22.09
14.23	41.55	276.66	143.39	189.43	28.07	45.88	68.52
11.96	54.64	100.28	76.59	108.23	1.17	113.31	-45.35
1.29	53.52	46.08	43.00	82.75	11.68	-6.82	17.63
53.86	55.22	1.50	1.50	63.26	43.96	15.98	17.58
7.66	62.82	8.34	7.61	46.06	-1.71	-6.35	-1.63

2006年度全国旅游行业经济效益

地区	财务效益状况				资产营运状况		
	净资产收益率（%）	总资产报酬率（%）	主营业务利润率（%）	成本费用利润率（%）	总资产周转率（%）	流动资产周转率（%）	存货周转率（次）
全　国	8.17	4.47	18.80	6.27	62.76	195.77	6.82
北　京							
天　津							
河　北	-7.14	-2.41	44.92	-26.93	8.31	147.71	5.03
山　西							
内蒙古	3.09	1.86	79.55	4.13	14.42	101.80	0.00
辽　宁	14.69	5.70	42.12	17.79	34.25	218.32	2.20
吉　林	0.63	0.35	23.44	0.26	137.72	642.07	12.66
黑龙江							
上　海	17.35	10.99	22.35	14.22	82.69	427.30	41.57
江　苏	-2.20	1.85	6.98	-0.08	137.08	292.36	12.50
浙　江	-6.75	-3.01	59.83	-11.39	23.31	78.35	3.24
安　徽	4.17	4.11	22.97	4.70	72.71	236.69	5.67
福　建							
江　西							
山　东	6.65	4.53	41.36	34.32	16.51	55.13	0.45

评价主要财务指标表（其他旅游企业）

	偿债能力状况				发展能力状况		
应收账款周转率（次）	资产负债率（%）	流动比率（%）	速动比率（%）	长期资产适合率（%）	销售增长率（%）	资本积累率（%）	总资产增长率（%）
12.13	59.12	67.37	51.63	84.77	13.72	5.80	3.02
39.46	64.49	8.96	8.46	38.00	-9.78	-21.71	-9.28
3.03	14.06	97.20	87.86	112.01	123.22	163.54	3.08
621.20	73.54	17.69	10.60	37.13	147.00	10.70	-10.74
29.97	47.35	67.15	54.63	92.50	107.50	0.29	11.91
39.65	45.83	41.94	39.07	65.02	13.43	4.51	7.47
11.41	65.92	95.41	74.77	124.82	12.38	19.74	12.46
2.66	46.53	157.02	150.75	130.72	-35.83	-20.44	-32.44
7.33	43.93	113.42	81.73	106.83	13.45	25.26	8.95
11.50	33.32	99.03	35.20	114.70	-17.55	17.90	19.35

地　区	财务效益状况				资产营运状况		
	净资产收益率（%）	总资产报酬率（%）	主营业务利润率（%）	成本费用利润率（%）	总资产周转率（%）	流动资产周转率（%）	存货周转率（次）
河　南	-13.51	-3.79	-2.53	-9.86	44.40	93.15	2.02
湖　北	-29.33	-9.75	-11.77	-15.95	43.96	260.75	26.00
湖　南							
广　东	74.79	-19.66	11.36	-11.16	154.97	328.00	9.54
广　西	20.09	8.75	54.11	30.59	33.93	132.80	2.67
海　南	19.04	4.07	63.49	28.33	15.96	17.87	2.29
重　庆	17.22	8.53	24.39	22.71	31.99	81.95	4.44
四　川	8.46	3.29	38.68	7.66	19.91	48.76	9.17
贵　州	-0.68	0.26	10.88	-0.33	73.78	106.56	5.71
云　南	1.29	0.31	44.54	-0.95	36.52	117.81	1.36
西　藏							
陕　西	0.10	0.07	33.87	0.11	66.85	112.98	1.54
甘　肃	-0.19	0.14	12.07	0.65	15.76	31.44	2.18
青　海	13.23	8.14	67.13	13.04	68.89	217.36	53.36
宁　夏							
新　疆	-6.56	4.21	30.27	-2.12	39.87	230.07	6.49

续表

	偿债能力状况				发展能力状况		
应收账款周转率(次)	资产负债率(%)	流动比率(%)	速动比率(%)	长期资产适合率(%)	销售增长率(%)	资本积累率(%)	总资产增长率(%)
6.11	52.50	104.15	67.59	120.59	-0.35	-30.47	-28.12
5.51	71.19	28.72	26.43	39.85	63.05	-20.86	5.53
18.82	124.51	33.97	25.71	-54.65	79.53	44.94	77.90
10.38	54.75	54.57	42.90	83.32	15.22	16.16	-1.71
51.44	82.96	166.86	165.10	463.02	28.58	20.99	-1.29
21.34	51.07	129.22	106.19	145.70	48.51	15.81	-7.79
11.52	82.43	71.49	67.60	96.26	22.86	47.11	41.92
7.84	43.34	331.89	285.85	204.06	-4.47	9.72	6.24
32.44	120.91	38.40	23.96	20.42	36.22	14.77	-2.68
3.14	39.33	166.65	100.06	190.67	3.97	-0.04	2.55
0.47	46.65	146.89	133.49	177.12	-14.74	-21.84	-29.62
7.41	42.16	93.36	92.04	99.20	43.79	5.47	16.08
3.54	89.85	19.56	15.75	12.32	-9.72	-41.46	-3.61

2006年度全国旅游行业经济效益

地　区	人均增加值				
	全国旅游行业	旅行社	饭店	旅游景区	旅游集团
全　国	41772	29732	38554	30521	18502
北　京	100208	44021	77782	12817	152575
天　津	31486	26939	45395	4494	20945
河　北	13844	11244	25805	20165	
山　西	14825	16315	19839	5797	
内蒙古	22217	12772	173001	26010	
辽　宁	31121	22973	49850	24047	
吉　林	20930	12532	25760	15799	
黑龙江	13684	123752	15157	11971	160
上　海	84645	57201	109312	89293	52088
江　苏	36179	30918	39963	66145	
浙　江	42048	26835	46346	35911	66746
安　徽	35309	26866	19624	37691	65590
福　建	32223	18992	37793	46055	48541
江　西	16768	12445	21692		
山　东	37450	15240	51520	46281	

评价主要财务指标表（全部旅游企业补充指标）

	人均财政贡献					
其他旅游企业	全国旅游行业	旅行社	饭店	旅游景区	旅游集团	其他旅游企业
31002	16332	2690	4533	4822	9698	3704
60619	30076	11389	12912	3475	24375	5450
0	17020	3446	5260	3674	3038	
40075	10548	1328	4152	2425	2550	3767
146625	8297	1197	454	2770		7069
0	9010	219	289	4147		4134
0	13156	846	6180	2643	10328	5317
7312	9125	1697	3376	862		1859
2305	9876	4634	5160	2112	4705	754
55874	28381	9587	14919	11962	19818	4929
48806	16689	3301	7311	8023		5298
52068	16074	3866	7680	5579	9298	8199
16309	11143	1724	4714	6407	22518	3523
54712	15272	2633	6134	7679	11608	4330
	10379	1602	3544	1780	4717	857
28821	12636	3805	6236	7865	48312	10996

地　区	人均增加值				
	全国旅游行业	旅行社	饭店	旅游景区	旅游集团
河　南	22962	7851	18405	13947	
湖　北	26586	12976	27549	59092	106889
湖　南	10610	96303	41760	8755	
广　东	46339	59582	47998	107491	
广　西	21559	15935	27314	31383	52022
海　南	33923	21855	23742	4476	
重　庆	23183	19765	22409	27904	8904
四　川	23909	27529	30480	22979	
贵　州	24563	33742	30942	17222	
云　南	28097	33558	25080	122828	
西　藏	20878	545			
陕　西	25685	38722	21833	43449	17216
甘　肃	15972	4717	26987	9627	
青　海	16603	69649	19491	5968	
宁　夏	24509	11189	43814	34029	
新　疆	24939	8723	28528	43648	

续表

	人均财政贡献					
其他旅游企业	全国旅游行业	旅行社	饭店	旅游景区	旅游集团	其他旅游企业
14441	9835	1886	3270	3482		3592
13089	11667	1800	4002	4819	16379	1805
	9588	190	5966	1182	2650	5777
55275	19528	5940	8072	10924		2099
41323	11683	1645	3323	2160	6444	4223
	13040	2692	4293	12020		8568
37755	12861	3560	3809	2359	7040	317
24819	11338	1527	3769	6865		2033
139157	12208	1944	3594	3168		3391
9076	11813	2720	3604	8550	97093	6190
	14659	2356	5060			3166
55692	15031	747	159	4202	9775	167
15840	9821	1006	3278	7062		2635
	9703	1065	3007	3649		3909
	10701	1215	4018	3498		
63827	13130	1833	5689	4145		467

2006 年度全国旅游行业经济效益

地　区	入境旅游收入比率（%）	自联入境旅游收入比率（%）	国内旅游收入比率（%）
全　国	15.28	9.89	65.35
北　京	22.37	15.83	47.13
天　津	4.77	4.49	75.58
河　北	3.19	1.73	91.81
山　西	2.1	0.1	95.03
内蒙古	6.09	0.88	84.76
辽　宁	13.46	9.34	55.57
吉　林	12.94	5.29	72.01
黑龙江	16.96	15.16	65.01
上　海	16.27	7.52	53.36
江　苏	8.78	4	79.88
浙　江	11.15	7.19	73
安　徽	15.41	9.7	78.83
福　建	11.81	8.4	79.09
江　西	4.22	2.66	83.58
山　东	10.64	8.92	80.13

评价主要财务指标表(全部旅行社补充指标)

出境旅游收入比率(%)	自联入境旅游收入毛利率(%)	国内旅游收入毛利率(%)	出境旅游收入毛利率(%)
19.37	8.07	5.62	4.76
30.5	7.43	3.59	3.75
19.65	12.53	9.86	10.6
5	7.85	7.67	7.7
2.86	12.14	5.77	11.77
9.15	16.96	8.05	10.37
30.97	8.63	7.25	5.12
15.05	9.57	7.23	6.63
18.03	7.33	4.48	4.33
30.37	8.33	7.98	3.89
11.34	19.38	5.92	5.1
15.86	4.87	7.18	5.33
5.76	7.46	6.26	5.01
9.11	6.7	4.84	6.28
12.2	7.21	6.61	2.47
9.22	5.7	5.05	6.01

地　区	入境旅游收入比率（%）	自联入境旅游收入比率（%）	国内旅游收入比率（%）
河　南	16.3	11.86	68.23
湖　北	15.17	9.26	75.38
湖　南	1.39	0.04	97.89
广　东	13.05	9.33	61.9
广　西	14.16	9.28	74.95
海　南	10.74	5.4	86.2
重　庆	27.1	21.74	62.83
四　川	20.57	14.9	70.28
贵　州	7.28	6.23	80.48
云　南	11.92	7.3	79.04
西　藏	51.2	29.82	48.8
陕　西	21.2	9.93	75.67
甘　肃	13.96	4.41	79.5
青　海	7.6	4.58	84.89
宁　夏	5.08		87.82
新　疆	16.53	7.43	76.91

续表

出境旅游收入比率（%）	自联入境旅游收入毛利率（%）	国内旅游收入毛利率（%）	出境旅游收入毛利率（%）
15.47	12.2	9.16	6.94
9.45	15.48	9.46	9.39
0.73	2.42	3.32	1.38
25.05	8.83	5.46	5.58
10.88	4.29	4.22	4.85
3.07	10.15	4.93	5.56
10.07	16.15	5.77	6.49
9.16	5.07	4.92	3.48
12.24	9.08	6.06	6.34
9.04	3.68	4.35	12.89
0	13.9	2.6	0
3.13	6.12	2.02	4.16
6.54	9.04	8.28	7.38
7.51	9.93	-5.92	6.67
7.1		4.23	2.18
6.57	8.88	7.97	6.25

2006 年度全国旅游行业经济效益

地　区	入境旅游收入比率（%）	自联入境旅游收入比率（%）	国内旅游收入比率（%）
全　国	22.97	14.86	47.92
北　京	24.21	17.13	42.79
天　津	7.88	7.41	59.67
河　北	9.19	5.04	76.77
山　西	6.48	0.3	84.72
内蒙古	15.39	2.23	61.47
辽　宁	17.47	12.12	42.33
吉　林	24.95	10.2	46.02
黑龙江	20.03	17.91	58.67
上　海	27.19	12.57	22.05
江　苏	17.38	7.92	60.19
浙　江	27.13	17.5	34.27
安　徽	34.88	21.96	52.08
福　建	17.28	12.29	69.38
江　西	11.22	7.07	56.34
山　东	21.59	18.1	59.69

评价主要财务指标表（国际旅行社补充指标）

出境旅游收入比率（%）	自联入境旅游收入毛利率（%）	国内旅游收入毛利率（%）	出境旅游收入毛利率（%）
29.11	8.07	3.96	4.76
33.01	7.43	3.37	3.75
32.45	12.53	9.43	10.6
14.04	7.85	4.12	7.85
8.81	12.14	4.98	11.77
23.14	16.96	7.31	10.37
40.2	8.63	5.45	5.12
29.03	9.57	6.24	6.63
21.29	7.33	1.69	4.33
50.75	8.33	4.91	3.89
22.44	19.38	4.56	5.1
38.6	4.87	5.97	5.33
13.04	7.46	4.55	5.01
13.33	6.7	3.26	6.28
32.44	7.21	4.04	2.47
18.72	5.7	4.33	6.01

地　区	入境旅游收入比率（%）	自联入境旅游收入比率（%）	国内旅游收入比率（%）
河　南	29.73	21.64	42.05
湖　北	28.51	17.41	53.72
湖　南	21.78	0.6	66.82
广　东	15.71	11.23	54.15
广　西	22.95	15.04	59.43
海　南	22.27	11.2	71.38
重　庆	40.39	32.41	44.6
四　川	32.96	23.88	52.37
贵　州	12.4	10.62	66.76
云　南	17.96	11	68.38
西　藏	69.94	40.73	30.06
陕　西	26.42	12.38	69.68
甘　肃	31.41	9.93	53.87
青　海	16.93	10.2	66.36
宁　夏	11.28	0	72.95
新　疆	29.74	13.38	58.44

续表

出境旅游收入比率（%）	自联入境旅游收入毛利率（%）	国内旅游收入毛利率（%）	出境旅游收入毛利率（%）
28.22	12.2	6.33	6.94
17.77	15.48	8.24	9.39
11.4	2.42	2.96	1.38
30.14	8.83	5.2	5.58
17.63	4.29	2.69	4.85
6.36	10.15	3.52	5.56
15.01	16.15	4.55	6.49
14.67	5.07	2.54	3.48
20.84	9.08	5.78	6.34
13.66	3.68	1.64	12.85
0	13.9	2.29	0
3.9	6.12	0.48	4.16
14.72	9.04	5.93	7.38
16.71	9.93	6.47	6.67
15.76	0	0.6	2.18
11.82	8.88	5.95	6.25

2006年度全国旅游行业经济效益

地　区	入境旅游 收入比率 （%）	自联入境旅游 收入比率 （%）	国内旅游 收入比率 （%）
全　国			100
北　京			100
天　津			100
河　北			100
山　西			100
内蒙古			100
辽　宁			100
吉　林			100
黑龙江			100
上　海			100
江　苏			100
浙　江			100
安　徽			100
福　建			100
江　西			100
山　东			100

评价主要财务指标表(国内旅行社补充指标)

出境旅游收入比率（%）	自联入境旅游收入毛利率（%）	国内旅游收入毛利率（%）	出境旅游收入毛利率（%）
		7.19	
		4.71	
		10.25	
		9.18	
		6.1	
		8.33	
		9.82	
		7.72	
		13.52	
		8.99	
		6.76	
		7.48	
		6.97	
		7.2	
		7.48	
		5.47	

地　区	入境旅游收入比率（%）	自联入境旅游收入比率（%）	国内旅游收入比率（%）
河　南			100
湖　北			100
湖　南			100
广　东			100
广　西			100
海　南			100
重　庆			100
四　川			100
贵　州			100
云　南			100
西　藏			100
陕　西			100
甘　肃			100
青　海			100
宁　夏			100
新　疆			100

续表

出境旅游收入比率（%）	自联入境旅游收入毛利率（%）	国内旅游收入毛利率（%）	出境旅游收入毛利率（%）
		10.6	
		10.22	
		3.34	
		6.17	
		5.68	
		5.86	
		6.88	
		6.97	
		6.32	
		7.99	
		2.85	
		6.38	
		9.29	
		-12.6	
		6.4	
		9.45	

2006 年度全国旅游行业经济效益

地区	平均客房出租率（%）	平均房价	房费收入比率（%）	餐饮收入比率（%）
全国	55.22	286.59	50	42.54
北京	60.09	486.92	58.29	35.31
天津	55.26	360.01	60.33	33.84
河北	47.55	202.33	42.33	53.14
山西	47.3	208.38	38.77	51.05
内蒙古	46.8	197.37	43	48.47
辽宁	52.02	294.49	50.51	43.58
吉林	48.61	169.11	31.59	67.58
黑龙江	40.52	196.81	51.2	45.06
上海	63.15	565	62.01	34.72
江苏	59.47	276.89	44.87	49.09
浙江	58.54	270.17	35.58	42.42
安徽	56.2	183.95	48.5	47.51
福建	56.65	235.27	43.87	49.93
江西	55.1	162.63	54.71	40.43
山东	53.22	280.61	46.87	44.54

评价主要财务指标表(全部饭店补充指标)

商品收入比率(%)	娱乐收入比率(%)	餐饮毛利率(%)	商品毛利率(%)	娱乐毛利率(%)
5.01	2.45	52.81	29.07	73.37
4.34	2.05	64.01	48.62	83.48
4.81	1.02	51.76	12.81	78.53
2.75	1.78	41.23	38.24	73
5.62	4.56	42.13	32.02	70.21
6.75	1.78	40.8	38.18	77.19
3.02	2.89	45.52	61.02	90.28
0.56	0.27	63.33	43.7	87.2
1.75	2	51.65	54.77	81
2.35	0.92	62.93	40.42	82.61
4.06	1.98	49.2	21.62	71.88
18.74	3.26	42.85	21.25	74.89
2.78	1.21	44.04	26.02	71.74
0.91	5.29	43.94	36.6	65.38
3.13	1.73	44.67	14.34	51.96
4.75	3.84	43.81	40.3	89.17

地　区	平均客房出租率（%）	平均房价	房费收入比率（%）	餐饮收入比率（%）
河　南	62.73	171.1	47.33	47.64
湖　北	54.73	204.91	52.74	41.14
湖　南	48.17	151.73	44.6	49.87
广　东	60.02	345.33	45.27	50.72
广　西	51.93	164.96	51.29	44.51
海　南	50.16	254.79	66.1	32.25
重　庆	54.72	199.04	50.58	45.49
四　川	54.34	203.95	53.71	39.93
贵　州	63.22	194.6	60.3	36.8
云　南	49.75	145.87	60.36	35.11
西　藏	33.27	244.1	53.6	45.42
陕　西	47.56	188.7	44.05	50.82
甘　肃	32.55	152.53	48.34	46.3
青　海	39.88	175.24	60.37	35.63
宁　夏	46.78	215.66	40.34	48.64
新　疆	52.28	174.34	47.2	46.18

续表

商品收入比率（%）	娱乐收入比率（%）	餐饮毛利率（%）	商品毛利率（%）	娱乐毛利率（%）
3.8	1.22	41.76	53.7	75.94
2.5	3.62	48.89	41.03	79.37
1.64	3.88	42.19	50.75	59.86
1.17	2.85	65.75	54.78	59.45
2.83	1.37	52.02	38.03	66.28
0.38	1.27	62.69	56.19	86.9
1.86	2.07	50	23.83	72.33
2.68	3.68	49.08	42.91	71.38
2.01	0.89	50.39	46.94	65.24
2.5	2.03	48.46	37.63	49.15
0.1	0.87	23.75	44.37	5.4
4.29	0.84	52.67	36.09	78.37
2.82	2.54	39.9	18.15	55.63
2.6	1.4	34.24	21.63	65.05
4.59	6.43	30.33	39.13	27.3
0.88	5.74	45.33	36.09	69.62

2006 年度全国旅游行业经济效益

地　区	平均客房出租率（%）	平均房价	房费收入比率（%）	餐饮收入比率（%）
全　国	62.45	706.94	57.01	38.38
北　京	65.07	889.44	55.69	35.97
天　津	54.9	742.98	63.6	35.74
河　北	58.4	409.94	41.85	54.47
山　西				
内蒙古	49.26	613.85	43.79	49.74
辽　宁	66.28	555.03	54.58	39.93
吉　林	56.71	257.77	31.39	68.61
黑龙江	32.05	424.86	27.12	66.99
上　海	71.37	1236.36	65.31	32.75
江　苏	62.85	539.88	51.11	46.03
浙　江	59.5	542.49	45.5	49.11
安　徽	65.14	341.94	54.98	43.36
福　建	54.35	474.07	41.98	52.08
江　西	65.5	413.64	62.93	36.16
山　东	66.26	592.96	59.85	34.09

评价主要财务指标表（五星级饭店补充指标）

商品收入比率（%）	娱乐收入比率（%）	餐 饮毛利率（%）	商 品毛利率（%）	娱 乐毛利率（%）
3.08	1.54	64.03	50.55	77.01
7.4	0.93	71.51	52.87	95.96
0.65		66.43	20.23	
0.79	2.89	53.28	27.89	82.01
4.11	2.37	30.7	9.87	95.53
3.62	1.87	63.1	89.99	84.82
		70		
2.9	2.99	69.49	77.71	77.94
1.21	0.72	66.83	42	90.07
1.78	1.08	61.11	33.82	77.58
0.79	4.6	53.19	43.06	55.51
0.01	1.66	50.22	58.95	91
0.41	5.52	53.54	14.11	69.83
0.92		64.37	52.03	
3.49	2.58	59.81	27.92	69.93

地　区	平均客房出租率（%）	平均房价	房费收入比率（%）	餐饮收入比率（%）
河　南	53.04	491.73	47.65	42.78
湖　北	64.92	509	58.09	40.93
湖　南	53.22	375.79	46.87	50.17
广　东	68.12	629.24	57.96	39.97
广　西	61.31	384.82	52.12	39.4
海　南	53.61	563.65	65.38	32.91
重　庆	52.94	461.04	54.11	44.86
四　川	72.84	624.14	59.15	36.14
贵　州	64.29	440.68	58.29	37.68
云　南	45.91	376.39	64.03	34.79
西　藏				
陕　西	63.16	498.21	61.42	36.53
甘　肃	29.04	666.97	57.28	38.88
青　海				
宁　夏				
新　疆	56.57	389.64	33.27	56.98

续表

商品收入比率（%）	娱乐收入比率（%）	餐　饮毛利率（%）	商　品毛利率（%）	娱　乐毛利率（%）
7.7	1.87	68.91	70.16	72.56
0.23	0.74	56.9	50.48	89.82
	2.97	52.95		100
1.26	0.82	64.14	61.84	84.18
7.13	1.36	59.06	40.62	77.28
0.4	1.31	71.83	59.54	96.87
0.07	0.97	58.2	90.48	70.02
2.8	1.91	66.7	44.14	90.68
2.2	1.82	58.78	96.41	88.41
0.15	1.03	63.29	30.18	81.01
1.15	0.9	72.2	79.73	73.69
0.94	2.9	12.9	21.17	34.77
0.44	9.31	53.23	20	64.51

2006 年度全国旅游行业经济效益

地 区	平均客房出租率（%）	平均房价	房费收入比率（%）	餐饮收入比率（%）
全 国	58.55	354.73	47.96	39.22
北 京	63.03	489.85	60.78	34.02
天 津	61.11	456.11	59.72	30.14
河 北	57.34	248.03	51.22	43.25
山 西	34.71	312.13	32.48	55.31
内蒙古	26.2	293.14	43.52	46.65
辽 宁	59.24	303.01	51.38	44.23
吉 林	60.24	196.43	44.92	54.07
黑龙江	45.41	267.5	55.84	40.99
上 海	65.37	651.5	58.28	39.03
江 苏	62.17	337.27	44.94	46.53
浙 江	63.28	360.86	27.69	30.21
安 徽	49.67	249.18	51.77	42.34
福 建	59.77	335.78	46.29	48.24
江 西	58.5	236.91	51.02	38.67
山 东	50.52	316.33	43.09	43.69

评价主要财务指标表（四星级饭店补充指标）

商品收入比率（%）	娱乐收入比率（%）	餐饮毛利率（%）	商品毛利率（%）	娱乐毛利率（%）
9.7	3.12	54.13	23.25	80.57
1.46	3.75	64.79	33.72	86.72
9.28	0.85	53.13	9.86	87.18
3.48	2.05	45.29	45.7	89.26
6.78	5.43	46.71	32.75	79.45
4.53	5.3	56.81	23.44	73.51
2.62	1.76	46.34	73.48	81.51
0.69	0.32	54.14	35.56	91.62
1.13	2.04	50.2	49.9	92.98
2.12	0.57	72.27	36.44	61.73
6.6	1.93	48.12	16.53	82.51
39.13	2.98	45.41	20.38	83.04
4.46	1.43	44.91	34.48	66.64
0.74	4.73	46.05	62.56	63.78
8.42	1.89	48.79	13.69	83.95
4.52	8.7	48.43	38.8	94.27

地　区	平均客房出租率（%）	平均房价	房费收入比率（%）	餐饮收入比率（%）
河　南	67.44	265.76	52.15	45.15
湖　北	63.05	292.8	54.19	38.5
湖　南	55.27	227.51	44.84	46.17
广　东	62.35	362.68	48.61	45.45
广　西	55.76	229.72	50.91	47.09
海　南	51.23	228.96	69.75	29.25
重　庆	59.53	234.21	46.88	49.11
四　川	55.26	290.17	55.69	39.03
贵　州	70.35	255.29	57.95	39.41
云　南	56.32	226.03	55.57	37.96
西　藏				
陕　西	59.94	147.8	52.04	45.9
甘　肃	44.02	228.45	54.36	41.58
青　海	41.56	337.15	56.81	39.19
宁　夏	60.7	409.85	50.28	31.2
新　疆	51.65	262.39	47.27	44.86

续表

商品收入比率（%）	娱乐收入比率（%）	餐　饮毛利率（%）	商　品毛利率（%）	娱　乐毛利率（%）
2.35	0.35	42.26	54.83	74.56
2.62	4.69	56.11	44.15	69.85
2.3	6.7	40.23	90.65	53.96
1.09	4.85	58.23	53.17	75.55
1.03	0.97	46.18	17.55	79.29
0.13	0.88	55.56	65.99	87
2.03	1.98	52.75	44.33	83.48
2.36	2.92	50.11	55.89	78.73
2.21	0.42	63.47	13	78.93
5.04	1.42	52.32	40.38	67.21
1.15	0.91	57.59	14.95	75.32
2.52	1.53	49.1	26.89	65.7
3.38	0.62	45.08	19.21	74.07
1.01	17.52	27.61	43.52	25.87
0.17	7.71	44.56	50.63	82.54

2006 年度全国旅游行业经济效益

地　区	平均客房出租率（%）	平均房价	房费收入比率（%）	餐饮收入比率（%）
全　国	55.35	204.26	45.35	48.86
北　京	60.93	272.81	56.9	38.41
天　津	51.02	243.27	58.15	37.29
河　北	44.14	175.69	37.98	57.94
山　西	66.56	198.3	45.41	45.18
内蒙古	58.12	197.82	45.48	43.75
辽　宁	47.85	225.36	46.23	46.03
吉　林	46.42	172.47	41.22	56.82
黑龙江	45.57	166.74	55	41.4
上　海	60.95	333.15	58.44	36.12
江　苏	57.03	205.12	41.42	53.98
浙　江	58.67	246.16	38.82	51.99
安　徽	63.03	170.26	48.3	47.23
福　建	56.5	195.47	39.67	52.84
江　西	56.06	161.37	55.74	40.85
山　东	51.73	208.02	42.31	51.06

评价主要财务指标表(三星级饭店补充指标)

商品收入比率(%)	娱乐收入比率(%)	餐饮毛利率(%)	商品毛利率(%)	娱乐毛利率(%)
3.26	2.53	48.68	25	63.26
2.57	2.12	50.35	34.22	60.96
2.23	2.32	42.18	28.4	75.12
2.81	1.27	38.35	33.45	60.44
3.82	5.59	38.68	32.59	55.04
10.34	0.42	45.37	42.8	47.55
3.76	3.98	37.01	37.84	93.62
1.29	0.67	33.15	49.57	84.67
1.36	2.25	43.86	51.22	71.48
3.6	1.83	49.18	30.34	86.44
3.01	1.59	42.56	30.75	39.53
6.13	3.06	41.08	25.51	73.74
2.93	1.54	46.08	16.03	66.6
0.97	6.53	40.47	34.83	67.17
1.76	1.65	41.42	5.62	53.61
5.5	1.14	35.56	49.51	82.3

地　区	平均客房出租率（%）	平均房价	房费收入比率（%）	餐饮收入比率（%）
河　南	63.48	159.08	46.76	47.44
湖　北	61.16	171.45	51.82	42.71
湖　南	68.48	154.4	45.39	49.75
广　东	60.26	257.95	31.18	64.97
广　西	44.62	143.36	47.32	49.28
海　南	52.5	96.97	63.47	34.07
重　庆	61.56	167.69	50.19	44.17
四　川	56.28	165.32	51	41.76
贵　州	62.96	143.25	54.28	43.07
云　南	53.72	128.56	63.77	31.98
西　藏	35.52	370.49	35.43	63.14
陕　西	40.17	136.91	41.82	53.77
甘　肃	31.88	142.78	49.71	44.96
青　海	38.73	141.27	60.37	35.17
宁　夏	54.51	168.07	35.4	55.66
新　疆	54.44	137.57	54.23	41.82

续表

商品收入比率（%）	娱乐收入比率（%）	餐饮毛利率（%）	商品毛利率（%）	娱乐毛利率（%）
4.24	1.56	41.94	51.59	76.46
3.38	2.09	45.72	36.67	67.77
1.63	3.23	42.62	34.03	57.18
1.6	2.26	72.82	52.99	28.44
1.55	1.85	56.32	39.14	56.07
0.6	1.86	46.7	59.97	61.77
2.52	3.12	44.98	49.12	70.84
2.1	5.14	43.66	35.96	67.81
1.56	1.1	43.57	46.26	34.67
1.71	2.53	35.81	27.77	23.76
0.15	1.27	22.66	44.37	5.4
3.47	0.94	46.32	8.13	87.54
1.7	3.63	41.23	22.09	55.35
3.24	1.22	15.84	23.49	33.34
7.73	1.21	30.44	38.81	36.18
1.43	2.52	41.05	38.75	62.13

2006年度全国旅游行业经济效益

地 区	平均客房出租率（%）	平均房价	房费收入比率（%）	餐饮收入比率（%）
全 国	49.87	129.09	50.31	44.91
北 京	44.31	202.22	70.04	27.56
天 津	60.82	129.22	61.99	31.9
河 北	46.71	133.76	45.15	48.89
山 西	46.88	129.47	46	48.37
内蒙古	43.81	110.63	39.32	56.36
辽 宁	37.47	170.91	58.28	40.75
吉 林	38.75	100.08	12.92	87
黑龙江	34.68	126.78	54.67	41.54
上 海	59.47	214.99	62.67	32.25
江 苏	59.14	147.37	47.04	49.19
浙 江	56.63	153.65	43.44	50.24
安 徽	48.39	110.68	41.94	54.64
福 建	54.98	122.48	50.89	42.08
江 西	49.74	83.44	50.18	45.62
山 东	51.97	129.08	41.61	52.19

评价主要财务指标表(二星级饭店补充指标)

商品收入比率(%)	娱乐收入比率(%)	餐饮毛利率(%)	商品毛利率(%)	娱乐毛利率(%)
2.7	2.08	37.1	33.92	66.93
1.75	0.65	23.13	37.86	41.41
5.56	0.55	28.9	20.7	56.51
3.93	2.03	29.79	44	56.8
5.42	0.21	31.58	28.45	43.43
2.96	1.37	33.84	37.71	74.89
0.25	0.71	25.46	11.99	97.86
0.08	0	81.6	35.75	0
3.43	0.36	41.16	41.26	66.82
3.28	1.81	32.13	34.08	76.22
3.1	0.67	44.06	8.66	62.72
2.28	4.04	32.44	35.9	78.77
2.91	0.5	31.21	30.04	84.55
2.45	4.57	33.13	19.76	48.72
1.17	3.03	40.01	42.74	17.57
6.19	0.02	30.74	38.24	82.9

地　区	平均客房出租率（%）	平均房价	房费收入比率（%）	餐饮收入比率（%）
河　南	60.89	116.78	44.08	51.76
湖　北	41.29	118.33	51.21	45.06
湖　南	32.12	90.78	44.84	49.98
广　东	49.35	171.69	57.46	40.12
广　西	59.96	102.14	58.27	38.46
海　南	49.26	79.08	58.92	39.3
重　庆	54.74	119.3	54.85	40.06
四　川	53.84	105.29	48.08	43.99
贵　州	56.95	131.22	61.71	34.65
云　南	44.87	74.67	60.55	34.35
西　藏				
陕　西	49.23	96.65	36.01	58.01
甘　肃	30.1	86.04	38.81	52.81
青　海	43.12	73.37	75.07	24.61
宁　夏	37.11	160.05	39.55	57.85
新　疆	48.93	115	64.37	32.01

续表

商品收入比率（%）	娱乐收入比率（%）	餐　饮毛利率（%）	商　品毛利率（%）	娱　乐毛利率（%）
2.95	1.21	33.96	44.29	76.22
2.64	1.09	37.67	45.93	75.98
1.57	3.61	43.56	36.43	67.15
0.44	1.98	45.44	21.63	65.94
2.35	0.92	38.23	32.96	78.67
0.32	1.46	41.98	44.77	62.36
2.62	2.47	43.17	29.47	61.17
3.8	4.14	42.13	32.07	58.66
2.65	0.99	35.07	50.96	54.18
2.33	2.78	42.75	37.65	38.41
5.38	0.61	37.64	50.87	68.63
6.82	1.57	36.4	11.11	68.25
0.33		16.11	35.16	
	2.61	33.17	0	32.62
1.68	1.94	20.97	40.97	78.72

2006年度全国旅游行业经济效益

地　区	平均客房出租率（%）	平均房价	房费收入比率（%）	餐饮收入比率（%）
全　国	49.72	123.38	57.5	37.58
北　京	48.44	198.81	83.13	14.42
天　津	41.98	152.59	32.61	43.29
河　北	1.22	1800	50.68	49.32
山　西				
内蒙古	51.74	77.56	29.08	55.17
辽　宁	46.2	68.63	75.35	23.17
吉　林	34.46	155.56	37.56	62.44
黑龙江	15.72	114.51	44.18	55.82
上　海	59.76	162.83	65.4	31.14
江　苏	51.66	157.32	72.56	27.44
浙　江	55.91	127.44	49.28	45.18
安　徽	38.15	100.29	45.81	53.17
福　建	58.91	102.21	83.22	16.78
江　西	65.88	121.76	61.09	31.41
山　东	35.55	246.88	46.08	52.74

评价主要财务指标表(一星级饭店补充指标)

商品收入比率(%)	娱乐收入比率(%)	餐　饮毛利率(%)	商　品毛利率(%)	娱　乐毛利率(%)
3.2	1.72	37.13	29.56	63.1
1.51	0.95	53.74	44.34	100
24.09		28.97	3.41	
		34.98		
10.87	4.87	41.17	64.64	73.53
1.49		67.73	18.75	
		40.5		
		75.81		
1.11	2.36	28.19	16.84	100
		12.17		
4.87	0.68	43.04	4.29	80.22
1.02		12.25	14.57	
		40.13		
7.5		14.04	36	
1.17		30.03	19.44	

地　区	平均客房出租率（%）	平均房价	房费收入比率（%）	餐饮收入比率（%）
河　南	73.97	152.68	41.9	53.62
湖　北	45.55	52.95	23.54	75.86
湖　南				
广　东	69.76	141.41	76.52	13.36
广　西	64.21	94.68	69.28	27.4
海　南	47.02	238.31	86.27	13.73
重　庆	39.17	75.56	63.56	29.52
四　川	39.1	78.69	52.06	42.87
贵　州	79.51	163.24	69.25	29.88
云　南	49.86	66.28	57.32	35.6
西　藏				
陕　西				
甘　肃	52.25	63.47	44.29	53.22
青　海	23.08	69.21	72.67	27.33
宁　夏				
新　疆	38.18	69.82	65.81	27.47

续表

商品收入比率（%）	娱乐收入比率（%）	餐饮毛利率（%）	商品毛利率（%）	娱乐毛利率（%）
3.85	0.62	43.25	64.42	69.03
	0.61	30.82		100
0.22	9.91	38.97	11	11.19
3.32		28.57	82.22	
		41.12		
6.29	0.63	21.68	15	0.13
2.9	2.17	43.15	59.03	79.4
0.86	0	22.04	26.46	
0.51	6.57	33.48	10.46	90.81
1.37	1.12	16.75	16.13	86.87
		19.92		
6.72		26.13	27.27	

2006年度全国旅游行业经济效益

地　区	平均客房出租率（%）	平均房价	房费收入比率（%）	餐饮收入比率（%）
全　国	51.63	289.01	52.79	41.71
北　京	58.03	468.1	68.27	29.11
天　津	62.17	285.24	79.7	20.01
河　北	32.88	32.02	52.52	47.48
山　西	57.66	117.41	54.56	45.44
内蒙古	64.56	23.89	12.8	69.41
辽　宁	53.5	335.96	48.87	43.31
吉　林				
黑龙江	17.75	141.16	68.9	31.1
上　海	59.8	412.43	64.31	30.97
江　苏	58.46	259.45	42.63	49.61
浙　江	49.19	257.71	41.73	54.48
安　徽	69.86	236	49.27	49.44
福　建	55.52	331.44	52.68	45.77
江　西	80.5	119.93	97.33	
山　东	54.14	166.17	46.02	47.86

评价主要财务指标表(未评星级饭店补充指标)

商品收入比率(%)	娱乐收入比率(%)	餐饮毛利率(%)	商品毛利率(%)	娱乐毛利率(%)
2.44	3.06	53.54	47.72	77.47
0.75	1.87	61.81	38.68	82.34
	0.29	15.92		100
		30.3		
		40.53		
17.79		42.79	100	
0.94	6.88	41.9	0.18	94.88
		58.21		
4.32	0.4	65.22	59.8	81.24
2.19	5.58	58.8	36.79	83.9
1.4	2.39	43.74	36.29	61.15
1.29		52.64	43.87	0
0.43	1.12	51.76	37.72	69.41
2.67			62.11	
5.92	0.2	36.49	27.66	72.35

地　区	平均客房出租率（%）	平均房价	房费收入比率（%）	餐饮收入比率（%）
河　南	46.75	163.04	50.77	44.66
湖　北	61.93	182.9	43.2	25.73
湖　南	26.97	142.51	28.67	69.79
广　东	57.99	358.92	52.96	41.84
广　西	55.27	120.82	59.03	40.21
海　南	35.86	335.65	64.06	34.08
重　庆	35.97	165.88	52.36	45.4
四　川	40.69	143.12	52.03	38.86
贵　州	61.39	184.37	74.59	23.57
云　南	54.46	115.3	56.31	37.68
西　藏	62.01	190.43	93.02	6.98
陕　西				80.84
甘　肃	23.45	132.01	35.31	61
青　海	34.5	608.4	58.49	35.88
宁　夏				100
新　疆	42.85	105.86	82.61	17.39

续表

商品收入比率（%）	娱乐收入比率（%）	餐饮毛利率（%）	商品毛利率（%）	娱乐毛利率（%）
3.72	0.85	26.23	37.36	97.64
1.92	29.15	51.01	43.08	98.67
1.54		27.97	26.14	
0.2	5	57.09	57.06	67.99
0.5	0.27	44.98	49.49	54.06
0.59	1.27	61.64	38.21	93.28
1.65	0.59	46.87	37.63	31.07
3.8	5.31	41.79	45.08	70.87
1.17	0.67	35.26	89.49	50.47
2.15	3.86	40.09	42	61.87
		45		
18.6	0.56	48.68	40.2	75.39
1.27	2.42	45.37	32.88	40.44
0.97	4.66	54.47	25.11	80.53
		32.53		
		47.32		

2006年度全国旅游行业经济效益

地 区	景区门票收入比率（%）	景区餐饮收入比率（%）	景区商品收入比率（%）	景区娱乐收入比率（%）
全 国	75.15	7.54	5.24	2.15
北 京	55.19	4.52	4.5	20.35
天 津	96.12		0.6	0.53
河 北	94	0.59	4.79	0.05
山 西	66.61	0.33	0.02	0.18
内蒙古	46.51	33.55	3.05	7.4
辽 宁	66.75	5.16	1.63	2.15
吉 林	89.93	1.5	2.83	4.64
黑龙江	44.72	34.97	2.23	12.56
上 海	85.98	3.23	8.89	0.85
江 苏	90.14	2.07	0.99	0.05
浙 江	76.19	10.6	4.87	0.95
安 徽	40.01	17.63	20.15	3.11
福 建	86.19	7.19	2.61	1.02
江 西	90.28	0.6		0.09
山 东	89.64	2.41	4.09	1.21

评价主要财务指标表(全部旅游景区补充指标)

其他旅游收入比率(%)	景区餐饮收入毛利率(%)	景区商品收入毛利率(%)	景区娱乐饮收入毛利率(%)	平均门票价格(元)
9.92	43.25	44.46	61.07	33.71
15.43	35.07	36.75	76.45	41.67
2.75		50.58	100	36.38
0.56	88.82	75.75	94.83	35.2
32.86	68.45	55.16	73.44	46.43
9.49	44.58	54.87	42.22	24.59
24.3	34.74	40.03	76.05	34
1.1	38.48	49.15	97.99	26.92
5.53	59.18	40.38	68.95	19.9
1.06	38.19	52.77	83.96	47.31
6.75	52.86	40	15.78	28.77
7.4	33.6	41.74	18.7	35.87
19.09	28.47	21.91	23.23	39.02
2.99	83.32	49.72	69.68	35.04
9.03	12.64		79.96	32.5
2.66	25.32	48.15	25.53	33.49

地　区	景区门票收入比率（%）	景区餐饮收入比率（%）	景区商品收入比率（%）	景区娱乐收入比率（%）
河　南	85.72	7.09	1.41	0.2
湖　北	80.72	7.1	1.39	0.99
湖　南	67.91	16.72	3.35	3.57
广　东	68.26	9.33	6.68	3.6
广　西	86.44	3.03	4.33	0.43
海　南	81.89	1.04	8.65	0
重　庆	76.83	9.29	2.91	2.58
四　川	59.99	9.6	3.98	4.3
贵　州	82.65	9.26	3.2	0.02
云　南	77.32	4.78	8.95	2.25
西　藏				
陕　西	83.27	8.59	0.95	
甘　肃	76.21	8.24	4.17	3.45
青　海	65.18			16.56
宁　夏	52.59	2.9	1.03	4.55
新　疆	72.5	19.22	1.53	0.74

续表

其他旅游收入比率（%）	景区餐饮收入毛利率（%）	景区商品收入毛利率（%）	景区娱乐饮收入毛利率（%）	平均门票价格（元）
5.58	34.72	33.56	85.75	28.62
9.8	38.25	19.1	93.47	38.56
8.44	39.09	41.38	40.24	26.18
12.13	55.4	62.9	67.71	44.44
5.77	38.47	70.79	47.17	32.57
8.42	39.72	37.88		33.21
8.38	49.73	58.75	92.35	38.26
22.12	26.54	35.74	68.31	35.73
4.87	22.8	87.55	85.57	60.5
6.7	32.52	30.32	60.26	30.75
7.19	50.62	24.23		41.07
7.93	30.39	25.52	33.91	20.82
18.26			64.04	20.33
38.93	45.95	63.33	55.19	31.83
6	64.41	52.01	38.86	20.27

2006 年度全国旅游行业经济效益

地　区	景区门票收入比率（%）	景区餐饮收入比率（%）	景区商品收入比率（%）	景区娱乐收入比率（%）
全　国	68.54	11.09	5.03	2.64
北　京				
天　津	96.17			
河　北	95.55	2.2	0.48	0.2
山　西	35.76	0.58	0.04	0.36
内蒙古	44.74	35.33	3.1	7.83
辽　宁	80.94	4.54	0.04	0.16
吉　林	60.92	6.17	11.64	19.09
黑龙江	29.43	45.29	2.84	16.2
上　海	76.15	7.54	1.83	8.38
江　苏	85.64	2.66	1.67	
浙　江	80.7	8.83	2.72	0.21
安　徽	30.72	20.48	23.4	3.54
福　建	84.2	8.65	2.32	1.23
江　西	90.14	0.61		0.09
山　东	84.35	4.91	4.38	2.83

评价主要财务指标表（自然类旅游景区补充指标）

其他旅游收入比率（%）	景区餐饮收入毛利率（%）	景区商品收入毛利率（%）	景区娱乐饮收入毛利率（%）	平均门票价格（元）
12.7	41.86	41.39	56.74	37.23
3.83				29
1.57	88.82	100	94.83	36.63
63.27	65.49	55.16	73.44	55.17
9	44.6	55.47	42.22	25.09
14.32	47.69	50	42.66	46.88
2.19	38.48	49.15	97.99	21.67
6.23	59.34	41.13	69.11	24.38
6.1	22.53	68.06	83.96	45.75
10.02	60.46	49.34	89.26	34.23
7.53	26.85	66.12	62.25	39.28
21.86	28.47	21.91	22.05	44.69
3.6	83.32	45.55	69.68	35.26
9.16	12.64		79.96	37.5
3.53	15.98	43.47	25.29	31.96

地　区	景区门票收入比率（%）	景区餐饮收入比率（%）	景区商品收入比率（%）	景区娱乐收入比率（%）
河　南	85.34	9.29	0.31	0.02
湖　北	82.33	9.63	2.05	1.53
湖　南	56.83	22.47	4.2	4.91
广　东	44.41	20.9	9.3	5.77
广　西	87.72	3.09	3.06	0.27
海　南	86.67	1.05	2.56	
重　庆	82.62	9.61	1.2	1.71
四　川	56.91	12.55	2.98	4.29
贵　州	82.5	10.09	0.69	0.02
云　南	81.11	5.55	2.01	2.89
西　藏				
陕　西	97.58		0.19	
甘　肃	74.93	10.39	5.12	4.25
青　海	90.56			
宁　夏	44.78	3.14	0.94	2.72
新　疆	73.77	19.21	1.63	0.2

续表

其他旅游收入比率（%）	景区餐饮收入毛利率（%）	景区商品收入毛利率（%）	景区娱乐饮收入毛利率（%）	平均门票价格（元）
5.03	32.99	45	94.49	32.18
4.47	40.13	16.93	93.69	46.77
11.59	38.72	40.71	40.24	29.38
19.62	53.95	62.41	65.53	39.44
5.86	42.01	80.82	37.64	39.25
9.71	46.1	57.53		31.52
4.86	52.72	63.34	75.58	41.46
23.27	24.03	27.55	67.53	42.28
6.7	15.65	20.99	85.57	69.33
8.45	29.86	48.81	60.23	32.1
2.23		91.43		42
5.32	30.38	24.5	35.66	24.45
9.44				29
48.43	45.28	74.35	33.22	42.5
5.19	68.71	53.39	40.32	37

2006年度全国旅游行业经济效益

地　区	景区门票收入比率（%）	景区餐饮收入比率（%）	景区商品收入比率（%）	景区娱乐收入比率（%）
全　国	94.26	0.81	2.32	0.04
北　京	58.03	16.56	25.41	
天　津	100			
河　北	82.34		16.45	
山　西	99.94			
内蒙古	68.46	3.45	3.04	
辽　宁	100			
吉　林	97.61			
黑龙江	99.97			
上　海				
江　苏	98.73	0.5	0.08	
浙　江	98.92		1.08	
安　徽	97.82			
福　建	99.11		0.89	
江　西	100			
山　东	94.32		5.57	

评价主要财务指标表（文物类旅游景区补充指标）

其他旅游收入比率（%）	景区餐饮收入毛利率（%）	景区商品收入毛利率（%）	景区娱乐饮收入毛利率（%）	平均门票价格（元）
2.57	51.23	51	98.65	24.54
	69.48	54.46		
				20
1.22		84.58		28.13
0.06				28.63
25.05	46.32	39.12		22.86
				20
2.39				80
0.03				27.5
				0
0.69	9.36	65.78		21.42
0		63.98		16.56
2.18				34
		44.39		25.33
				30
0.1		55.67		33.13

地　区	景区门票收入比率（%）	景区餐饮收入比率（%）	景区商品收入比率（%）	景区娱乐收入比率（%）
河　南	91.06	0.08	0.21	0.55
湖　北	90.18		1.11	
湖　南	97.55	1.35	1.1	
广　东	79.51			
广　西	100			
海　南	86.21	4.42	7.3	
重　庆	90.52	7.13	0	
四　川	91.3	0.64	7.01	
贵　州	100			
云　南	95.87	3.63	0.51	
西　藏			0	
陕　西	97.57	0.43	1.82	
甘　肃	98.41		0.61	
青　海				
宁　夏	96.74			
新　疆	66.77	15.28		

续表

其他旅游收入比率（%）	景区餐饮收入毛利率（%）	景区商品收入毛利率（%）	景区娱乐饮收入毛利率（%）	平均门票价格（元）
8.12	79.07	99.37	98.65	21.35
8.71		48.85		21
	55.9	48.43		20
20.49				17
				20.75
2.07	5.19	56.97		81
2.34	64.77			25.63
1.05	28.54	45.74		26.16
				34
	70.22	56.12		30
				0
0.17	27	21.51		41
0.98		63.46		20.85
				0
3.26				25.2
17.95	41.64			20

2006 年度全国旅游行业经济效益

地　区	景区门票收入比率（%）	景区餐饮收入比率（%）	景区商品收入比率（%）	景区娱乐收入比率（%）
全　国	79.72	3.91	6.55	2.03
北　京	60.83	4.6	4.28	23.12
天　津	95.94		1.01	0.9
河　北	94.74		5.19	
山　西	94.39	5.61		
内蒙古	96.35	0.65		
辽　宁	53.24	5.96	3.03	3.91
吉　林	100			
黑龙江	87.54	3.75	0.49	1.73
上　海	87.08	2.74	9.68	0
江　苏	91.99	2.04	0.52	0.15
浙　江	59.4	17.37	11.92	3.34
安　徽	97.27			1.35
福　建	95.31		4.69	
江　西	100			
山　东	92.09	1.52	1.32	0.11

评价主要财务指标表（主题类旅游景区补充指标）

其他旅游收入比率（%）	景区餐饮收入毛利率（%）	景区商品收入毛利率（%）	景区娱乐饮收入毛利率（%）	平均门票价格（元）
7.79	49.13	47.57	70.08	32.17
7.16	31.04	33.33	76.45	41.67
2.16		50.58	100	51.67
0.07		71.55		45
	100			39
3	-25			20
33.85	26.62	39.93	77.16	13.67
				10
6.49	46.3	13	59.53	7.67
0.49	43.04	52.45		47.83
5.3	44.62	-2.89	13.84	29.25
7.96	44.07	24.5	10.26	34.91
1.38			87.35	17.63
		62.14		47.5
				15
4.96	79.87	27.81	36.35	40.83

地　区	景区门票收入比率（%）	景区餐饮收入比率（%）	景区商品收入比率（%）	景区娱乐收入比率（%）
河　南	83.18	4.75	5.92	0.54
湖　北	76	2.91	0.06	0.03
湖　南	100			
广　东	83.17	2.27	5.27	2.35
广　西	77.69	2.87	12.45	1.43
海　南	52.89	0.59	45.1	
重　庆	61.48	10.01	6.85	5.18
四　川	36.71	4.66	1.88	10.76
贵　州	78.76	8.84	12.4	
云　南	50.76	1.48	46.9	0.02
西　藏				
陕　西	55.39	24.78	0.3	
甘　肃	38.09	0.01	0.36	1.28
青　海	36.39			35.34
宁　夏	30.78	9.23	6.46	53.53
新　疆	53.02	26.74	2.21	14.78

续表

其他旅游收入比率（%）	景区餐饮收入毛利率（%）	景区商品收入毛利率（%）	景区娱乐饮收入毛利率（%）	平均门票价格（元）
5.61	45.44	29.97	75.31	37.75
21	25.31	89.28	68.38	31.3
				3
6.94	63.99	63.45	71.15	67.94
5.56	14.93	55.53	58.3	10.33
1.42	0	30.88		22.33
16.48	40.02	57.64	100	38.55
45.98	67.31	39.91	70.21	29.25
	50.07	100		
0.84	43.04	26.28	77.96	23
19.53	51.16	18.6		37.5
60.26	44.05	60.48	-43.57	9.11
28.27			64.04	3
	50	35	75	1
3.25	15.66	28.09	38.39	3.6

责任编辑：许晓海　王　军
责任印制：李崇宝

图书在版编目（CIP）数据

中国旅游财务信息年鉴．2006/中华人民共和国国家旅游局编．－北京：中国旅游出版社，2007.9
ISBN 978－7－5032－3276－3

Ⅰ．中…　Ⅱ．中…　Ⅲ．旅游业－财务管理－中国－2006－年鉴　Ⅳ．F592.6－54

中国版本图书馆 CIP 数据核字（2007）第 147781 号

书　　名：2006 中国旅游财务信息年鉴

编　　者：中华人民共和国国家旅游局
出版发行：中国旅游出版社
（北京建国门内大街甲 9 号　邮编：100005）
http：//www.cttp.net.cn　E-mail：cttp@cnta.gov.cn
发行部电话：010－85166507　85166517
排　　版：北京中文天地文化艺术有限公司
经　　销：全国各地新华书店
印　　刷：北京建筑工业印刷厂
版　　次：2007 年 9 月第 1 版　2007 年 9 月第 1 次印刷
开　　本：787 毫米×1092 毫米　1/16
印　　张：10.25
印　　数：1－8000 册
字　　数：250 千
定　　价：60.00 元
I S B N　978－7－5032－3276－3